來去南投旅行

全新修訂版

文‧攝影 蔣孟岑

這一趟旅行的路線與記錄或許不是最美、最熱門或最精采，
但人人適合，不需要太用力準備，想走就走！

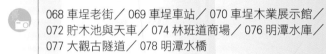

來去南投 小旅行

CONTENTS 目錄

走囉！今天去南投

　　用心旅行，可發現臺灣處處都美，無論春花、夏海、秋楓、或冬雪，每一季節都有令人讚嘆之處。臺灣十多個縣市裡，位處中心點的南投很是特別，一來她四季風景鮮明，二來她容易親近，不僅高山巍巍、水色靚麗、有得吃喝，而且自然氣息濃厚，身任旅遊記者近二十年，到南投的造訪率也算位列前茅了！

　　不工作、想放鬆時，我最常往南投跑，無論到集集綠色隧道、車埕，還是日月潭、新中橫，或者高山上的霧社、清境、溪頭、杉林溪，都是舒壓寶地，不僅可收集滿眼綠意、呼吸芬多精，走在高山林道，更可感受天高地闊的豪情，即便是觀光客頗多的日月潭，也有她獨特的百變風華。

　　本書第一版中，我僅介紹南投臺 16 線與臺 21 線風光，修訂版上，則新增臺 3 線與臺 14 線，礙於篇幅，新增路線只做重點分享，至於遺珠景點，像是奧萬大、鹿谷，甚至清境美食文化與異國風住宿等，都只能含淚放棄，雖然有點可惜，但只要旅人腳步不輟，這些好景點，即使沒登上版面，通常也不會寂寞。

　　事實上，所謂的旅遊景點會隨著時間與人氣而改變，也許更熱鬧、也許變蕭條，我盡量將所見、所聞、所收集的心得與資訊寫下，化成文字與圖片，與你分享，雖然，我愛吃的，不一定合你胃口；我愛看的，也不一定入你眼界；我的感動，你也不一定能認同，但我們都一樣喜歡旅行，這就是最好的共鳴。

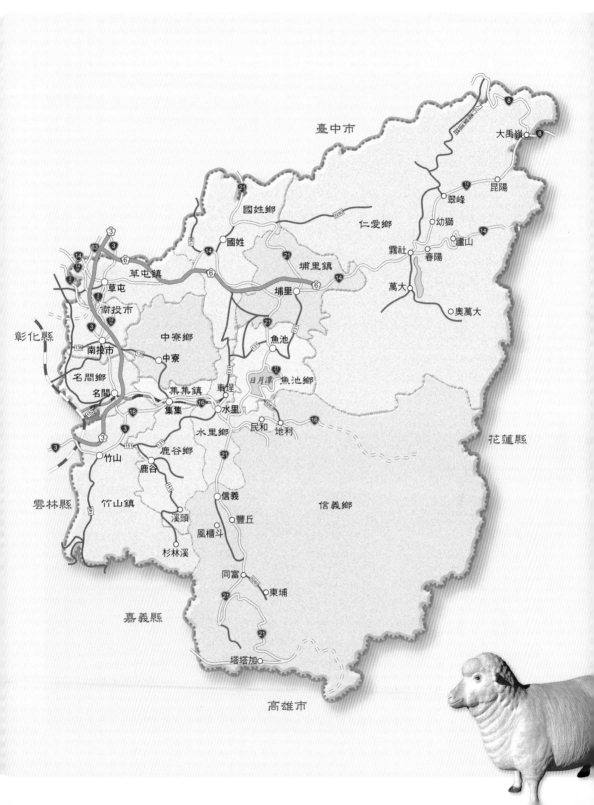

臺中市

大禹嶺

昆陽

翠峰

幼獅

國姓鄉

仁愛鄉

盧山

草屯鎮

國姓

霧社

春陽

埔里鎮

萬大

草屯

埔里

南投市

奧萬大

彰化縣

中寮鄉

魚池

南投市

中寮

魚池鄉

日月潭

名間鄉

集集鎮

車埕

名間

集集

水里

花蓮縣

水里鄉

民和

地利

竹山

鹿谷鄉

水里鄉

信義鄉

雲林縣

鹿谷

竹山鎮

信義

溪頭

豐丘

風櫃斗

杉林溪

嘉義縣

同富

東埔

塔塔加

高雄市

開車

國道 3 號名間交流道下，左轉接臺 3 線，往集集方向，臺 3 線約 223.1K 處左轉接臺 16 線，臺 16 線 9K 處紅綠燈左轉進入集集，續行臺 16 線可抵水里。

巴士

（一）

1. 搭乘臺鐵火車或汽車至臺中。
2. 在臺中火車站對面搭乘總達客運臺中往水里班車（每 10 ～ 15 分鐘 1 班），在集集站下車，車程約 1.5 小時。

（二）

1. 搭乘高鐵至臺中烏日站。
2. 在臺中站搭乘統聯客運往南投班車（約 1 小時 1 班），在南投站下車（車程約需 1 小時），再轉搭總達客運臺中往水里班車，在集集站下車。

火車

1. 搭乘臺鐵火車至二水。
2. 在二水站搭乘二水往車埕火車，在集集站下車，車程約 40 分鐘。

臺 16 線 交通資訊

開車

國道 3 號轉國道 6 號往埔里，愛蘭交流道下左接臺 14 線、接臺 21 線可往埔里或日月潭。國道 6 號終點接臺 14 線，右轉可抵埔里市區，左轉往霧社清境。

巴士

（一）

1. 搭乘臺鐵火車或汽車至臺中。
2. 在臺中火車站對面搭乘總達客運臺中往埔里班車，每 10 ～ 15 分鐘 1 班，在埔里站下車，車程約 2 小時。

（二）

1. 搭乘高鐵至臺中烏日站。
2. 在臺中站搭乘統聯客運往埔里班車，約 1 小時 1 班，在埔里站下車，車程約需 1.5 小時。

火車

臺 21 線沿途無火車站。

臺 21 線 交通資訊

開車

（一）霧社清境

國道 3 號轉國道 6 號往埔里，埔里端下接臺 14 線左轉往霧社、清境。

（二）溪頭、杉林溪

國道 3 號下竹山交流道接臺 3 線右轉，於竹山接 151 甲左轉可抵溪頭，溪頭前轉投 95 杉林溪公路可抵杉林溪。

（三）大鞍風景區

國道 3 號下竹山交流道接臺 3 線右轉，於竹山左轉自強路循投 49、投 49-1 鄉道，前往大鞍風景區、太極峽谷、八卦茶園。

臺 14 線
臺 3 線
交通資訊

巴士

（一）霧社清境

從各地搭公車前往霧社清境，都需至埔里轉乘南投客運，搭往翠峰、松崗班次至霧社、清境。

（二）溪頭、杉林溪

1. 前往溪頭，可搭乘臺灣好行巴士，高鐵新烏日站有班次抵達。

2. 前往杉林溪，臺中干城車站有杉林溪客運可搭乘。

（三）大鞍風景區

太極峽谷、八卦茶園屬產業道路，目前無大眾交通前往，除非自行開車，或是至竹山租車前往。

火車

清境、竹山地區皆無火車站。

逛山 看水 坐火車

逛山 山風臥雲

　　四面環海的臺灣只有南投縣不靠海，雖然少了海岸翻滾的波濤，但群峰連綿的山景稜線倒是不少；不管是臺16線、臺21線，或是臺3線、臺14線，都能走進800～2,000公尺以上的高山峻嶺中，入眼的不是茶山滿布，就是令人想臥看那雲捲雲舒，好不愜意。

大圖　賞先

逛山 看水 坐火車

坐火車　綠意滿眼

　　多山的南投隨便望去通常是一片翠綠，有山巒之間層層疊疊的山綠，有鐵道旁遮蔭乘涼的樹綠，有滿山的茶綠、葡萄綠、梅子綠，以及田園平疇裡那火龍果與香蕉園的農綠等，這些綠意風情不僅會隨著季節更迭，而且讓人年年期待。

看水　水景靚麗

　　沒有海岸，但是南投的水卻相當知名，這兒有魚池日月潭、車埕貯木池、明湖水庫、臺灣最長濁水溪、信義鄉的陳有蘭溪、東埔溫泉等，不僅是地方上的重要資源，可以遠觀，也能近玩，或走水岸步道，或乘船出航，或泡得一身舒爽。

日月潭

　　四面環山的日月潭一直是人氣頗高的旅遊勝地，身為臺灣第一大淡水湖，響噹噹的名氣起於當年蔣介石落腳此地的行館，以及他對此地的鍾愛。物換星移，日月潭不再專屬蔣介石，而是一處中外人士皆可踏訪的靈秀之地。這兒有山、有水、有步道；可吃、可玩、可住、可看，旅遊要素樣樣齊全，悠閒氣息在這裡四處流竄，想不放鬆也難。

貓囒山步道

　　日月潭除了看水、玩水之外，還有十四條輕重量級不一的步道可以健走，貓囒山步道便是其中一條，因為困難度不高、加上沿途有諸多風景、老建築可賞，成為所有步道中最熱門的一條。步道入口分南北兩處，於中途的茶葉改良場會合，然後經過日治時期留下的紅茶製茶廠、紅葉步道，終點是氣象站。貓囒山也是觀賞日月潭風光的最佳地點之一。

綠色隧道

　　集集有火車、有窯藝、有長達 3、4 公里的樟樹綠色隧道，一股濃得化不開的山林悠閒氣息，使得龍泉、集集、水里這一帶的風光與休閒旅遊劃上等號。非假日，這兒是安靜人渺的小山城；假日，人潮四方湧進，有點擁擠但是熱鬧非凡。

風櫃斗

　　信義鄉是全臺面積最大的梅樹區，每當冬末，梅花盛開景致染白了山頭，淡淡幽香撲得人一身高雅，而風櫃斗、烏松崙則是主要賞梅區域。騷人墨客則最愛以梅雪爭豔來廝殺，爭擾不過，總說，「梅須遜雪三分白，雪卻輸梅一段香」。

軟鞍八卦茶園

　　軟鞍八卦茶園海拔約 1,300 公尺，屬於竹山大鞍里臺地，地形高低起伏如小丘，茶園依地勢種植，一小圈一小圈的茶田，宛如八卦羅列，一旁還襯著大片竹林，賞茶或賞竹，畫面都極美，不僅吸引廣告公司取鏡，也深受攝影師青睞。

臺⑯線的
文字
地途

臺 ⑯ 線 不長，約 142 公里，南投
地區分為兩段，前段從民
間、集集至水里，後段則是水里、民和、地利
至孫海橋為止。

　　從民間到集集是臺 16 線與 152 縣道並行
路段，152 縣道又緊鄰臺鐵集集支線，也就是
大家熟知的集集綠色隧道，常見旅人騎車與火
車競飆，是行走臺 16 線途中頗為有趣的畫面。

　　而深具自然與藝術感的集集、水里陶窯
業，與轉型的車埕木工業等在地特色文化，也
大大增加臺 16 線的旅遊豐富度，成為遊人必訪
的原因之一。

　　臺 16 線在水里與臺 21 線共享一小段路程
後，便左轉續往民和、地利，這裡屬於臺 16 線
後段，也開始進入山區範圍，為布農族原住民
部落區；可惜的是，丹大吊橋與孫海橋遭受颱
風破壞，相繼損毀，知名的丹大林道（又稱孫
海林道）也因而封閉，使得傳聞中美麗的七彩
湖無緣相見。

　　為了諸多旅遊考
量，沒有將民和這一段
臺 16 線納入介紹，喜
歡冒險的讀者若想前
去，還是建議先規劃好
適當的旅遊計畫，並多
收集當地資料再前往，安
全為首要考量。

以自行車尋古陌，穿訪綠野小鎮

集集

挾著南投鐵支路最具人氣小鎮名聲，假日，這兒總是嚴重的酗著人潮，若平日，酗的是滿身舒爽綠意與悠閒；不管熱鬧或沉靜，兩樣都是集集面貌。

集集

小檔案

集集地理位置四面環山，濁水溪是鎮內最大溪流。拓墾時期，這裡是漢人墾殖收穫的物資交易集散地，也成為日後地名由來；清朝至日治年代，集集盛產樟腦，是臺灣重要出口產業；1919年為興建日月潭水利建造支線鐵路，進而帶動沿線鄉鎮繁榮。民國40～60年代，集集香蕉再次成為地方繁榮物產。目前，集集以觀光發展為主，鎮內保存多處古蹟、文化景點，並興建自行車專用道，串連多處精華景點，持續推動以自行車認識集集為旅遊號召，是周休二日中部熱門旅遊景點之一。

下交流道後，接臺16線往集集路上，見到這座入口標示，就是152縣道集集綠色隧道入口。

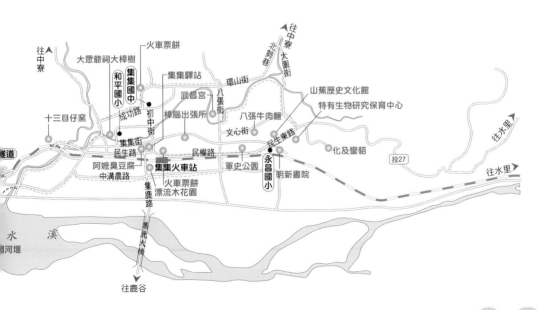

集集綠色隧道

這條綠色隧道可說是我前進集集的動力之一，由大樟樹林列兩旁，全長約 4.5 公里，嚴格來說，隧道入口是從民間鄉臺 16 線與 152 縣道交接處算起，一直到集集隧道為止；由於道路沿途遍植樟樹，綠蔭遮天，成為步行者、自行車客的最愛，這些老樟樹自 1940 年種植至今。

根據在地耆老說，當年日本政府為了慶祝開國 2600 年，規定家家戶戶都要種植三棵樟樹，還必須加以照顧，不可以讓樹木枯死，事隔多年，竟也成就這條會讓人忍不住多吸兩口空氣的綠色隧道，成為一場強迫政策下的美麗意外。

至於為什麼一定要種樟樹？不知是否與集集過去主要產業為樟腦製造有關。不過，南投縣樹就是樟樹，這一點無庸置疑。原本綠色隧道應該有三段，分別是集集至濁水、濁水至南投，以及濁水至二水，不過僅有集集至濁水這一段最完整，另外兩段，因為道路拓寬，不是已毀，就是僅存一小段。

數十年過去，152 縣道旁的每株老樟樹都是枝態豐富、各伸其方，茂盛的枝幹與覆生的青苔讓綠蔭蒼翠，不管是散步、騎自行車，都可以感受到一股被樟木芬多精洗禮的舒爽。

綠色隧道另一個吸引人的地方就是與支線鐵軌並行路段，人們會騎著自行車追火車，或是在樹蔭下觀景臺乘涼看火車通行，甚至體驗火車、汽車、摩托車、自行車並行，各種交通工具在同一畫面上奔馳的感受，的確充滿另一種旅遊意境。

集集綠色隧道

也可搭乘集集線火車於龍泉車站下車，附近有自行車租賃店家。

集集自行車租車

想在集集騎自行車遨遊，若沒攜帶自己的愛車，在當地租車也很方便，在集集綠色隧道、龍泉火車站，以及集集車站一帶都可發現租車行店家，至於租車價格，大多是一天 100 元起，自行車總類也分為一般自行車、協力車、電動自行車等。

認識 152 縣道

提起臺鐵集集支線，便不得不提到 152 縣道。簡單來說，集集支線從二水到車埕共設置七個站，分別是二水、源泉、濁水、龍泉、集集、水里、車埕等，二水到龍泉這段幾乎是貼著 152 縣道前進，臺 16 線起點又與 152 縣道並行，直到集集大橋為止。根據臺灣道路與鄉鎮關係，152 縣道是入境的市區道路，而臺 16 線屬於市區外環道。

添興窯陶藝村

談到製陶窯場，總會讓人升起一股風雅感受，那些經過烈焰灼燒下的成品，好似帶著某種近乎聖潔姿態，讓人感動不已。添興窯位在集集線的龍泉小鎮，成立於民國45年，創窯時期興建有三座蛇窯，以生產水缸、花盆、酒甕、琉璃瓦、陶磚等民生物品為主，後來陶瓷生態轉變，添興窯轉型後以陶藝創作結合觀光，並且風靡一時，是集集地區知名的老窯廠。

921大地震後，添興窯受損相當嚴重，也歷經一年的重建期，除了根據原貌、原材料修復完成過去模樣，亦保留一座創窯至今的老蛇窯。另外，在添興窯園區旁還建蓋一座921紀念牆，牆上布滿無數手印，都是參與重建添興窯的援手。

從1955年開窯、歷經重創復原至今，添興窯的身分早已晉升重要老窯場行列，現在的添興窯仍然繼續陶藝創作，並且積極推動「集集陶藝造鎮」工作，窯廠內營運項目包括陶藝品銷售、陶藝研習、玩陶DIY、陶藝流程導覽、陶瓷刻畫等，另外也附設有餐飲小站與民宿。

添興窯除了陶藝創作，主要以生活陶藝品做產銷，至於較高級、屬於行家鑑賞的柴燒窯也有，若只想單純的參觀園區，繳交50元入園費就有人帶領解說。由於位在綠色隧道旁，展品館與餐飲小站便開設在152縣道邊，可以入內買到特別的窯製品，或是點一杯咖啡冷飲，在綠蔭下、微風中舒服的休息歇歇腿。

景

添興窯陶藝村
地址 _ 南投縣集集鎮田寮里楓林巷10號
電話 _ 049-278-1130
時間 _ 08:30~18:00・11~1月
　　　08:30~17:30
公休 _ 農曆除夕、初一
價格 _ 門票50元
網址 _ www.tensing.com.tw

圖／添興窯提供

圖／添興窯提供

龍泉休閒公園

　　因為集集綠色隧道「弄弄長」，許多人喜愛在這裡漫步、看火車、騎自行車、拍婚紗照，待了半天卻沒有個可以休憩歇腳、上洗手間的地方，前鎮長林明漆察覺這裡的「不方便」，便開始四處尋求資金協助，後來在當時臺灣省長宋楚瑜、林源朗先生經費補助之下，才得以在民國86年於龍泉站中途建蓋了龍泉休閒公園，設置了看火車的觀景涼亭與洗手間，方便不少尋綠看火車的遊客。

　　回首歷史，「臺灣省」已經成為過去式名詞，乍聽仍隱藏濃厚的舊時情懷，不過政治歸政治，旅遊歸旅遊，這座公園的實質功用不容小覷，畢竟人有三急不能等，尿急還位居第一名呢！現在，這座小公園依然持續發揮它的貼心功用。

　　這裡另一特色，就是涼亭旁放了兩部退役的「M18 驅逐戰車」及「M-24 改裝重炮牽引車」，不知道與龍泉車站旁是陸軍裝甲戰車營區有沒有關聯？雖然在一片綠意之中，戰車若隱若現的身影宛如打漆彈、玩野戰般帶著一股野趣，不過公園四周環境清幽，「出現戰車」與「出現火車」雖相差一字，意境卻差很大，只好把它當成藝術品展示，才比較不足為怪。

龍泉休閒公園
位置_ 南投縣 152 縣道龍泉
車站旁邊

集集古窯

位置_臺16線龍泉往集集方向・近集集鎮

集集古窯

這兒嚴格來說應該稱為十三目仔窯舊址，因為921大地震後，僅剩原有的大紅磚煙囪，其他磚窯則全部倒塌。目仔窯興建於日治末期，主要生產紅磚，窯身兩側各有十三目，窯長約50公尺，真正興建年代已經無從考據。921大地震後鎮公所讓民間業者承租經營，將原址整修規劃成一處集集古窯文化園區。

這處文化園區少了些當年舊窯廠的古味，僅保存高聳舊有紅磚煙囪，新成立之時原本還留有一條迷你古道，不過在缺乏維護之下，這座紅磚煙囪已埋沒在荒草間，感覺有點落魄淒涼，甚為可惜，內部也無法進入，建議遠望欣賞即可。

古窯區旁規劃有休憩區，設有涼亭、公廁、步道、休憩桌椅等景觀設施，遊客從設有簡單鳥居造型的入口進入，首先抵達攤販小吃區，再到後方稱為「窯街」的仿十三目仔窯紅磚建築群，建築內有販賣各種農特商品、飾品的商家進駐。此外，在小吃區右側上方有間發財廟與月老廟，想走走山間古道可從此處為起點。

十三目仔窯區平日人煙稀少，假日時小吃店家、商家才會開張營業，不過，臨鐵道旁的休憩區倒是看火車最佳地點。

集集攔河堰

位在集集大橋下的攔河堰，攔下濁水溪的溪水，儲存供應中南部農田灌溉，是集集鎮上的引水大工程建築，工程內容包括堰體、南北岸引道、魚梯等興建。攔河堰長度約 353 公尺，共設置十八座排洪閘門、四道排沙閘門及一座魚道，是全臺最大型的攔河堰、東南亞最大沉沙池，加上附近山高河寬的溪谷景觀，也成為集集地方上一處很特別的觀光據點。

攔河堰旁有座臺灣水資源館，為攔河堰管理中心。水資館除了負責調度濁水溪的水源分配，還記錄展示這項耗費十年的水利工程開發過程點滴。館內除了中心辦公室，規劃有集集共同引水館、濁水溪館、臺灣水資源館、三樓平臺等展示空間供民眾參觀。

這些展示館也分別利用聲音、影像、文字、圖畫、多媒體、模型等動靜態方式來介紹，讓民眾了解集集共同引水工程、濁水溪流域開發及此地所孕育的生態人文、水資源保育利用等過程與開發的困難，也可以從中得知，臺灣在水資源運用上的處理方式，是一處休憩賞景兼具生態教育的地方。

集集攔河堰

地址 _ 南投縣集集鎮林尾里
劉厝巷 30 號
電話 _ 049-2764-031
時間 _ 09:00~12:00、
13:30~17:00

集集車站

集集車站之所以有名，是因為它的歷史及建築工法，根據在地文史工作者劉青松介紹，集集車站是運用「木造平家切妻洋小屋」工法建蓋。乍聽之下，還真不知其所以然，後來才知曉這句繞口名詞是指「木材構造、斜式屋頂、歐式支架的一層樓建築」；臺灣早期許多木造車站都是以此法建造。

說實話，集集車站不管看了多少眼，我總覺得它充滿濃厚「東瀛」風味，一點洋味也沒有啊？車站從 1930 年建蓋後，若不是遭遇 921 大地震，現今風華應該更具歷史感吧！有意思的是，站房是用檜木所建造，與集集線上其他車站相較，堪稱是最具身價的一座木造老車站。

921 大地震後車站整座建築傾斜、倒塌，為了恢復原狀，特別從日本引進電腦模擬技術，重現集集車站這種「木造平家切妻洋小屋」工法的建築外貌，2001 年 8 月 9 日主體工程修復完成，充滿懷舊氣氛的集集車站，才得以恢復往日外觀，重現眾人面前。

車站前廣場中央有一座銅製火車模型，算得上是集集地標，也是遊客們來到集集一定要留下「倩影」，以表到此一遊的無二標誌。此外，集集站前廣場也不斷變化面貌，像是裝置藝術、蒸氣火車頭展示、LED 廣告跑馬燈、展演舞臺等硬體皆陸續出現在廣場四周，雖然說這是時代下的產物與改變，但記憶裡的老車站，總是比現下秀氣雋永、又耐人尋味。

集集車站
地址 _ 南投縣集集鎮民生路 75 號
電話 _ 049-2762-546

大眾爺廟與樟樹公

　　大眾爺廟蓋在一棵大樟樹下，據著老們說，這棵樟樹至今已有七百多歲；樟樹生長得很是瀟灑張揚，樹圍 5.3 公尺、高 30 公尺，樹冠開枝面積達 908 平方公尺，比一個普通的籃球場還要大，好幾百歲的樹齡讓當地人將其視為神明，稱為「樟樹公」，旁邊還設有圍欄保護。此處是集集人的信仰中心，常常見到許多長輩們在這裡乘涼聊天，若是居民心中有任何困惑也會到此抽籤求解，據說尋找失物最是靈驗。

　　每年農曆 8 月 23 日是大眾爺樟樹公的誕辰，也是集集鎮民年度大拜拜的日子，屆時四方遊子歸鄉、一聚落一聚落宴請賓客的盛況，熱鬧得很。大眾爺廟的位置就在和平國小旁，廟旁有座鯉魚池，廟後方則規劃成休閒公園，有涼亭座椅、鵝卵石步道，原本在公園對面還有一處輕鬆休閒的快樂田園可賞花、歇腿、拍美照，但時間真是把殺豬刀，原本滿眼的花田美景已成荒園一片，甚為可惜。

大眾爺廟與樟樹公
地址 _ 南投縣集集鎮集集街
　　　178-1 號

山蕉歷史文化館

　　只知道集集香蕉出名好吃，卻沒想到集集一串蕉的故事也曾經如此輝煌精采。集集山蕉在日治時期是相當重要的產業，當時一串蕉可換一頭牛，足見價格之金貴，只因為集集山蕉被日本政府標示為「千山」字級，專門進貢給天皇或貴族享用，一般人可吃不起。

　　民國 40 ～ 60 年代，集集山蕉大量外銷日本及香港、大陸等地，香蕉產量幾乎與集集民生息息相關，而且外銷香蕉品質控管嚴格，在色澤、長度、重量上都馬虎不得。後來，國際香蕉市場競爭激烈，價格下滑，加上病害猖獗，集集蕉農紛紛轉種其他作物，香蕉王國至此才告終。

　　有感山蕉輝煌歷史與文化沒落，在地蕉農世家黃榮炫夫婦在 2013 年成立「山蕉歷史文化館」，將集集山蕉做一系列詳實、完整的介紹。文化館大致劃分為歷史區、休閒 DIY 區、伴手禮商品區，以及可見識到各種香蕉品種的香蕉聯合國區等。館方特別製作芭娜娜小姐當吉祥物，還有香蕉家族印章可集印，想吃香蕉冰棒、香蕉乾，或是買伴手禮也都有，而且，館方特別邀請亞洲大學學生設計一組伴手禮盒，還獲得德國紅點設計獎殊榮，的確不簡單。

　　文化館好玩之處不少，例如館內地板也花樣多多，彩繪兩幅大型 3D 圖，為了讓圖片更立體，地上標有最佳拍照角度的鞋印定位，入鏡畫面萬無一失；館內也陳列一些古早童玩供人懷舊玩耍；想 DIY 香蕉樹盆栽，提早預約就可親手體驗。

山蕉歷史文化館

地址 _ 南投縣集集鎮民生東
　　　路 70 號
電話 _ 0939-166627、
　　　0982-329231
　　　（ 導覽、DIY 預約 ）
時間 _ 周二至周日
　　　09:00~17:00
公休 _ 周一，暑假或逢國定假
　　　日無休
費用 _ 免費

臺 16 線
旅行中

集集

035

明新書院

地址 _ 南投縣集集鎮永昌里
　　　東昌巷 4 號
電話 _ 049-276-2374

明新書院

　　明新書院是集集鎮每年祭孔的地方，建於清光緒十一年（1885年），也是清代南投四大書院之一，現在列為三級古蹟。這裡的古學院風采濃厚，為單進三合院式宮殿建築，分有正殿、門廊、過水、殿宇等；而燕尾簷，左右兩廂，磚牆、木柱、木門等是建築的細部特色；主祀文昌帝君、製字先師紫陽夫子等神祇聖賢。

　　書院一旁陳列有早期農村的民俗文物供遊客參觀，像是牛車、車輪、水缸、風鼓車、石臼等，都是深具古早味的農家生活工具。雖然是靜態旅遊地點，但醞釀其中的舊時風光與寧靜風雅，頗具休憩養神的作用。

　　書院大埕前是集集永昌國小，921 大地震時學校幾乎全毀、明新書院也受創甚深，如今一路走來，國小校區已重新建蓋完成，書院也回復往昔書卷風采，是自行車客必訪的重要景點之一。

臺灣特有生物研究保育中心

許多人大概不知道臺灣特有生物種類之多位居全球前茅，不管是陸地、海域都充滿自然生機，最主要原因在於，臺灣具有特殊的生態環境。由於臺灣地處亞熱帶，氣候溫暖、雨水充沛，高山平原的海拔落差大，因此生態才會如此豐富多元。

集集鎮上，明新書院旁的臺灣特有生物研究保育中心於1992年成立，屬於試驗研究單位，針對臺灣特有、珍貴稀少的生物進行物種分布、族群、生活、棲地、復育等調查研究業務。

中心腹地廣大，規劃有具研習、參觀功能的保育教育館，以及占地約3.5公頃的生態教育園區、野生動物急救站等，遊客可以買票進入園區逐一參觀。教育園區沒有解說服務，若是需要可以在七天前與中心預約聯絡安排。

保育中心以前是林務局巒大林區管理處的舊址，所以在中心戶外區域種植很多當年的實驗樹種，多年下來，樹木都已經高壯巨大，成為保育中心最特別的庭園風景，這些樹木有泰國柚木、楓香、澳洲檸檬桉、印度紫檀、臺灣肖楠、瓊崖海棠等，也是一處可以認識各類樹種的好地方！

臺灣特有生物研究保育中心
地址 _ 南投縣集集鎮民生東路1號
電話 _ 049-276-1331
時間 _ 09:00 ～ 16:30
公休 _ 周一（國定假日或補假日
　　　照常開放）及6月1～10
　　　日、12月1～10日
價格 _ 全票50元、優待票30元、
　　　團體票40元
網址 _ www.tesri.gov.tw

化及蠻貊碣

位置_ 從特生中心沿著保育館東側小路，車行約 5 ～ 8 分鐘

化及蠻貊碣

　　化及蠻貊碣位在古代八通關集集往水里的古道旁，地點有點遺世獨立。遊客可從特有生物中心圍牆邊的東昌巷進入，雖然沿途道路宛如一般農家的產業小徑，並且有竹林、檳榔樹、龍眼樹夾道，但不必懷疑，往前行就可見到從光緒年間遺留下來的碣石。

　　清光緒十二年（1886 年）春天，清廷派陳世烈由廈門來臺負責撫番招墾，陳世烈隔年便招募民兵前往集集東埔一帶從事開墾，來到集集水里的古道邊，有感而發，親題「化及蠻貊」四字在這塊巨石上，該古道則是 1875 年，臺灣總兵吳光亮所修築的八通關古道其中一段。

　　現在這條古道已經荒廢，掩沒在園林之內，只剩下石頭前一小段碎石路可供人思古，成為開墾集集地區最鮮明的遺跡，況且化及蠻貊碣的四周是一方住家，碣石就像矗立在普通農家庭院旁的巨石，不怎麼明顯，要仔細留意才不會錯過。

軍史公園

集集地區展示退役軍事戰備的地方似乎不少，除了龍泉公園，也曾出現在火車站旁，而位在集集民權路永昌國小附近的軍史公園則是以主題公園方式建立，園區內展示各種退役飛機、戰車、火箭等，退役軍備多元，規模龐大。

這裡占地約 2,000 餘坪，也是南投縣首座大型國軍汰換除役的軍備展示區，簡單說就是退休後的飛機、大炮、戰車「居家公園」，因為展示著多種冷硬軍備，此處的環境少了幾分休閒感，硬是多了點陽剛味。

公園入口仿照十三目仔窯，高聳的紅磚煙囪與建築還算亮眼，門口兩側除了陳列軍備，也可以見到幾座藝術雕像，把這些元素兜在一起，很難具體形容，只能說，軍史公園是一處帶有紅磚復古、西洋藝術，以及剛硬軍備等多種風格各異的矛盾組合，別具意境。

公園內展示的退役國軍戰備有 M18 驅逐炮車、C119 運輸機、海軍昆陽艦、慶陽艦、勝利女神力士型防空飛彈、F104 星式戰鬥機、五吋炮等各種軍備，對軍事迷而言，這裡倒不失為一處取經好地點。

軍史公園
位置_ 南投縣集集鎮民權路上

集集武昌宮

　　集集鎮的舊武昌宮可說是在 921 大地震中損失最慘重的建築，當時這是一座耗資約 6,000 多萬元才興建完成的新廟宇，卻在大地震中瞬間柱倒樑歪，華麗的宮廟屋頂硬生生壓垮廟身，頹圮成地上一堆殘華廢墟。遊客只要見過這座舊武昌宮，大多能感受到天災威力的可怕。

　　武昌宮主祀北極玄天上帝，於清朝同治年間隨中國大陸人士來臺供奉，民國 79 年擴建宮廟，在完工前夕遭逢 921 大地震，為了讓世人感受地震威力，地方上決議不拆除，保留「災區現況」，成為集集在地最鮮活的地震紀念館；而新的武昌宮就建造在舊武昌宮前方，歷經 14 年的集資，終於在 2014 年 10 月重建完成，並舉行入火安座儀式，原本暫遷至舊廟對面的臨時廟殿終於功成身退，新廟規模更加莊嚴宏大。

　　武昌宮在地震過後也不斷出現神蹟，地震時，廟宇全毀，不過玄天上帝金身卻毫髮無傷，後來改供奉在臨時廟殿時，玄天上帝的鬍鬚竟然慢慢變長，廟方甚至記錄了鬍鬚新長出來的長度，大約有 30 幾公分，前往朝拜時可以親自見證一番。其實，正確信仰能激勵人心，不論神蹟存在與否，勸人向善、做好事、說好話是每位神明給與的不變原則，萬法不離其宗，心誠則靈。

景

集集武昌宮
地址 _ 南投縣集集鎮八張街 181 號
電話 _ 049-2762-496
時間 _ 08:00 ～ 18:00
網址 _ wu-chang.org

樟腦出張所

　　集集除了農特產、火車站、古蹟，這裡也曾經是個盛極一時的樟腦王國。樟腦買賣的起源可推至 1878 年的光緒年間，原本只是區域性買賣，在清廷對外開放臺灣門戶後，眾多外國人紛紛進入集集採買樟腦，最巔峰時期，外商在這裡設置高達十三處樟腦館，然後銷售全球。

　　當時，樟腦是一項很重要的產物，不僅用在民生，更是軍事與工業的重要資源，炸藥、漆料、膠捲等製作原料皆是從樟腦中提煉，因此吸引各國爭相獲取；而集集樟腦事業的全盛時期，產量幾乎占全球 80%，也讓集集躍升為熱鬧的商業大城。

　　及至日治時期，日本人實施樟腦專賣制度，壟斷市場，而「樟腦專賣局集集出張所」大約在民國 20 ~ 30 年代落成，專辦樟腦採收製作與販賣等業務，如今物換星移，樟腦工業沒落，這片日本人興建的出張所也成為凝固的記憶。

　　目前，出張所由國有財產局委託給集集鎮公所代為管理，並規劃成「集集文化產業園區」，不定期有展演活動推出。民眾到此也可分三個部分來欣賞這片歷史建築，一是俐落極簡風格的雙開式大門，二是傳統日式建築的辦公廳與宿舍，三是日式風格的廳舍，這些建築群都可相通。

樟腦出張所
位置_ 南投縣集集鎮民生路
　　　65 號
電話_ 049-2761-477

集集在地美食

集集鎮每到假日街上幾乎布滿朝聖的觀光人潮，大多數美食店家也隨著人群多寡配合開張打烊，不過並不是每一家都做觀光客的生意，集集人自己也要吃，問題是他們都吃哪一家呢？我請教了幾位在地人，八張牛肉麵、阿嬤臭豆腐、集民街意麵都是他們最常光顧的地方。

八張牛肉麵

八張牛肉麵是集集人心中的第一名麵店，店面在巷子內，還好並不難找，只要循著民生路過八張街就可以見到，而且巷口豎有招牌，不容易錯過。店家說，原本店面位在大馬路邊，不過 921 大地震震壞了，只好搬到巷弄的家裡。不過，這正好印證了「美味不怕巷子深」的道理，饕客絕對有辦法聞香而至。

八張牛肉麵靠的是料好實在、童叟無欺，別看那紅通通的牛肉麵湯頭，不僅超級順口、香氣十足，還不膩口。而湯頭的紅並不是讓人飆淚的辣，而是香料的色澤；麵條方面 Q 彈有勁、口感極佳；牛肉塊則軟中帶韌、入口即化，別的不說，光這些條件就已經讓人垂涎。

除了牛肉麵，豬肉水餃也是顧客最愛，皮薄餡多，不沾醬就非常好吃。另外，店裡小菜選擇也不少，豆乾、海帶、大腸等滷味都相當美味，不僅牛肉麵、連意麵、陽春麵、乾麵、餛飩麵、水餃等也有提供。

店家十分注重用餐環境、料理檯乾淨整潔，讓人吃得很安心。用餐時間一到，外面人龍自然排成一條，室內則座無虛席。要注意的是，麵店星期天休息，只能在非假日前來，才有機會品嘗美食。

八張牛肉麵
地址 _ 南投縣集集鎮文心街
　　　291 巷 11 號
電話 _ 049-2764-539
時間 _ 11:00 ～ 14:30，
　　　16:30 ～ 21:30，
公休 _ 周日

阿嬤臭豆腐

　　好吃的美味總是喜歡藏身於巷弄之內，位在集集市區集民街巷內的阿嬤臭豆腐就是個例子，這是一間小小的店家，而且只賣臭豆腐及豬血湯，店面不太顯眼，卻是集集地區知名的老字號。

　　店裡的臭豆腐與市面上不同，很像硬壓的豆乾塊，厚度僅一般臭豆腐的三分之一，經過油炸，豆腐酥中帶軟、臭勁十足，搭配自家醃漬的泡菜、再淋上特調醬汁，就是完美的一盤佳餚。

　　特別的是，阿嬤也不管正餐時間或假日觀光客最多，堅持每天下午 3 點才營業，想吃，就得配合阿嬤開店的時間，太早來只有等待的份囉！

集民街意麵

集民街裡還有一家沒有招牌的意麵店，經過臭豆腐店再往巷內走約 200 公尺左右就是了。這家意麵店民國 66 年營業至今，也是在地人喜愛並推薦的店家，因為人手不夠，老闆娘堅持不讓我採訪拍攝，擔心客人一多忙不過來會怠慢顧客。我想，理性的饕客應該不會介意等待才對，所以還是小小推薦一下。附帶一提，這家意麵店固定每星期六休息。

阿嬤臭豆腐
地址 _ 南投縣集集鎮集民街 7 號
電話 _ 049-2762-334
時間 _ 15:00 ～ 19:00

漂流木花園餐廳

漂流木花園是集集地區知名老店，成立之初就是因為滿園的漂流木與花卉之間絕妙搭配，讓人們宛如進入一處夢幻殿堂，吸引相當多遊客前來感受。

漂流木花園占地近千坪，園裡有池塘、石徑、鞦韆、花房，還有主人飼養的鵝、金魚，到處充滿著大自然的氣息與生機，多到數不清的各種花卉也在每一處視覺裡出現，而且園中四季都有不同的景觀可以輪流觀賞。

主建築是一棟白色餐屋，一旁有座飼養鯉魚的池塘，不入屋內可以循著大石頭鋪陳的路徑來到後方花園，抵達擁有鞦韆座椅的戶外餐區。登上主屋屋頂，有一個高高的綠樹人很令人好奇，這是主人的巧思創意，綠樹人穿過屋頂往前瞧望的肢體動作頗為有趣。

園中花卉植物眾多，但卻不會顯得雜亂，亂中有序的感覺還非常協調，女主人楊靜枝說明：「這般美景，不是人整理出來的，而是給植物時間，它們本身所產生的協調，大自然有自己的生存方法與技巧。」

自然的心態、自然的環境，當然也成就出一方自然天地，不喜歡過於吵雜、喜歡花草靜謐，漂流木花園應該會讓你舒暢不少，餐飲方面，鍋類、套餐、冰品與冷熱飲都有，也算能夠吃得賓主盡歡。除了餐飲與舒適的環境，女主人也有盆栽 DIY 教學，若是喜愛盆栽或插花藝術者，不妨前來學習或交流心得。

漂流木花園餐廳
地址 _ 南投縣集集鎮集鹿路
188 號
電話 _ 049-2764-143
時間 _ 10:00 ～ 21:00
網址 _ www.plmgarden.com.tw

打包集集特產

　　可以當成集集伴手禮的物品相當多，山蕉、荔枝、火龍果、梅餅、火車票餅、明信片等，統統都可以成為代表；有些伴手禮品還擁有自己的專賣店，至於水果，幾乎沿路都可見到。

山蕉

　　因為氣候與水土的得天獨厚，集集地區所生產的香蕉種類相當多，例如山蕉、美人蕉、佛手蕉等，其中又以山蕉最具名氣。集集山蕉不僅香味十足，帶有香蕉酸香，口感較Q彈，外表也比一般香蕉圓胖短小，風味獨具一格。街上經常可見農人整車推出或擺攤販賣，建議多比較幾家的價錢，再來決定。

脫水香蕉乾

　　除了新鮮香蕉，街上還有脫水香蕉乾可買，這裡的香蕉乾特別好吃，並不是脫水乾燥得像餅乾那般硬脆，整條黑乾得令人難下口，

而是仍維持某種程度的溼潤感。香蕉體積縮得只剩原有的三分之一，口感 Q 軟、硬度適中，還品嚐得出香蕉酸香的特殊風味。香蕉乾外層多用玻璃紙包裹，質感提升不少，經過加工後，價格自然比新鮮香蕉還貴，不少老一輩長者，或是日本人都很喜歡！這項商品目前只有在集集才買得到。

火龍果

　　集集山蕉曾經因國際競爭力減弱而使價格下滑，許多蕉農也紛紛棄蕉改種，轉種的水果中又以番石榴、火龍果、糯米荔枝最多。或許是地質適合，集集地區所種植的火龍果長得特別旺盛，而且果肉口感清甜，並沒有一般火龍果特有的腥澀味，每年主要產季大約在 6 ～ 10 月，街上四處都可以見到有人整車推出或擺攤販賣。

集集親子走廊

農特產

集集親子走廊

地址 _ 南投縣集集鎮民權路
集集車站旁

時間 _ 平日 09:00 ～ 17:00，
假日 09:00 ～ 18:00

緊鄰集集火車站旁規劃了一處親子走廊，裡面聚集多家特產伴手禮的攤位商家，不僅有各種農特產品，多種香蕉加工品也成為伴手禮首選，有香蕉蛋捲、香蕉乾、脫水香蕉餅等，都成為攤商們推銷的主打品。若想採買新鮮的在地山蕉或農家特產也可以，許多在地農家阿伯、阿婆通常會將擺滿香蕉、水果、醃漬品的推車或小貨車停放在車站周邊，找一下多能見到。

集集火車票餅

　　火車票餅算是集集新興的代表禮品，外型小巧可愛，以火車票當成糕餅外觀，深具地方代表性，因此也成為縣政府挑選代表南投特色的產品之一。

　　餅鋪在民國 94 年開張，早期，總店位置不在市街上，但慕名而至的遊客不少，現在，火車站前已有販賣門市。火車票餅的主意來自老闆謝承宗的構思，他摸索良久，並記取多次失敗教訓才成功。這一塊融合產業、在地文化的糕餅，外觀面積只有一張車票大小，餅面上印有集集、車埕等字樣圖案，見者莫不會心一笑，很自然的也成為集集當地限定特產。

　　票餅外皮香酥、內餡紮實，而且一口一個剛剛好，目前研發出多種口味，因為是每天手工現烤、現做，所以生產數量有限，想要大量購買就必須提早預約。包裝盒也是票餅的一大特色，分有多種類型，有集集車站造型、火車鐵盒造型，以及內含一套燙金版的傳統舊火車票旅遊紀念盒等，皆具收藏價值。

農特產

集集火車票餅
地址 _ 南投縣集集鎮民權路
　　　 321 號（站前門市）
電話 _ 049-2760-770
時間 _ 假日 09:00 ～ 18:00．
　　　 平日 09:30 ～ 17:30
公休 _ 周三

陶藝風情蔓延的水美山鄉

水里

　　水里鄉因為溪河切割關係，地理環境被區分成好幾塊，山、水、吊橋與綠樹，成為此地常見景色；也是臺16線前往信義鄉、日月潭必經的地方。

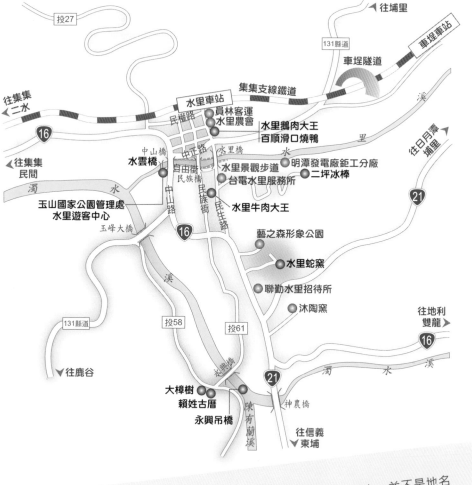

投27

往埔里

131縣道

車埕車站

車埕隧道

集集支線鐵道

往集集 二水

水里車站

員林客運
水里農會

水里鵝肉大王
百順滑口燒鴨

16

民權路

水里橋

溪

往集集 民間

中山橋

中正路

水雲橋

自由街 民族橋

水里景觀步道

明潭發電廠鉅工分廠

里

往日月潭 埔里

台電水里服務所

二坪冰棒

濁

水

溪

玉山國家公園管理處
水里遊客中心

中山路

民族街

民生路

水里牛肉大王

21

玉峰大橋

16

藝之森形象公園

溪

水里蛇窯

131縣道

投58

投61

聯勤水里招待所

沐陶窯

往地利 雙龍

往鹿谷

永興橋

大樟樹
賴姓古厝

永興吊橋

陳有蘭溪

神農橋

濁

水

溪

16

21

往信義 東埔

　　水里鄉是水里溪入濁水溪的匯流地，但是「溪水」並不是地名由來原因，而是氣候。過去水里地區氣候冷寒、水量充沛，到處都是溼潤感，因此取名水裡坑，是水里地名最初由來；此外水里森林茂密，是原住民領地，直到清光緒三年才有漢人到此墾居。

　　日治時期，水里樟腦業與木業相當發達，並為木材集散地，當時集結了人潮與錢潮，還有「小臺北」之稱；目前水里主要外環道路是臺16線，也是南投竹山、集集地區進入日月潭與信義鄉的中繼站。

水里車站與市區

結合山城、水鄉、藝術園區於一身的水里,名氣與集集相當,水里車站也是集集支線的重要一環,為該支線最大車站。日治時期,水里為木材主要集散中心,後來又有樟腦業貿易,帶動當地盛極一時的繁榮景象。

水里車站

水里市區不大,只要記上幾條道路名稱與主建築就能逛上一圈,水里車站就是主建築之一,車站前直行路段是民生路,沿著水里溪的是中正路、車站前橫向道路是民權路,記上這幾條,逛街不迷路。

至於主建築的水里車站與集集車站完全不同,粉紅色的城堡造型最讓人感興趣,登上車站要爬二、三十級階梯,頗有登上國王城堡的意境,水里車站是集集線中站房最大的一站,不過卻是座無人售票站,只配置一名站務人員包攬全部業務。

車站建於 1922 年,在 921 大地震時受到毀損,如今建築是修復後的面貌,早年遊客要前往水里蛇窯、信義鄉,也是坐火車到此再換公車前往,因此車站月臺旁有一處水甕造景,甕上刻有水里字樣,水里與窯燒就這樣被兜在了一起。

景

水里車站
位置 _ 南投縣水里鄉民權路
與民生路交叉口

水里溪風情

　　水里溪是當地頗重要的河川，也為地方增添不少迷人風情，在鄉公所造鎮計畫中，水里溪兩岸皆規劃有徒步區、觀景臺、停車格、風車造型景觀等，在山巒交映下，這處山鄉顯得格外活潑。

　　溪的東側是中正路，西側是自由街。中正路屬於鬧街市區，不過臨河岸的走道腹地幾乎都規劃成停車格，遊客停車方便，就是有些煞風景，這是魚與熊掌之爭，就別太過計較。西邊自由街水岸則規劃成景觀散步區，人車較少，要講悠閒感，西側的確很有輕鬆度假氛圍。

　　水里溪幾經整建後，河堤都已築上強化工程，河床地勢較低，可沿階梯下堤防親臨溪河，看看臺灣中部有名的溪釣點，也常見釣客在此揮竿，據說溪裡有成堆苦花，不過漁客與魚，本就是一場時間消耗戰，前方還有風景，身為看客，吹吹溪河旋上來的涼風，聽聽潺潺水聲就足夠回味了。

水里溪畔
位置＿南投縣水里鄉中正路
　　　與自由街臨溪側

水雲橋

　　站在臺16線中山橋旁，一邊是水里市區，另一邊就可見到優美的水雲橋，橫跨在水里溪與濁水溪交會口上。水雲橋全長96公尺、寬3公尺，是全南投首座採用太陽能夜間照明的橋墩，溪流美、名稱也美，站在橋上視野頗動人，一面望向橫跨濁水溪、長1,100公尺的玉峰大橋，那是水里與鹿谷之間的行動捷徑；另一面望向水里市區，滾滾清流是從更上方的明潭水庫而來，帶著森林露滴，再匯入孕育嘉南平原的濁水溪裡。

　　水里溪水質清澈豐沛，激流處處，所以當地鄉公所有意將這裡打造成可進行泛舟活動的「中部冬山河」。每逢夏季，常有泛舟客在此練習或警專學生、急救相關單位在水雲橋下從事救生訓練活動。

　　至於這座採用鋼骨白色風帆造型的水雲橋，應該是「觀賞功用重於通行」，橋下規劃有河濱公園，設置有步道、溜冰場、戲水區等，用意雖好，但是前來公園的居民與遊客不多，倒是公園上方、水雲橋入口旁有兩架退役戰鬥機被擺放到此歸鄉，成為阿公帶孫前來，說聲「哇，戰鬥機！」的特色地點，似乎比在公園玩耍還受歡迎。沿岸堤防，可見清澈的水里溪水奔入黑泥滾滾的濁水溪中，不過堤防沒有護欄，行走其上觀看要注意安全。

水雲橋
地址 _ 南投縣水里鄉中山路
　　　一段515號中山橋旁

玉山國家公園管理處水里遊客中心

　　若循著臺16線往信義鄉登玉山，玉山國家公園管理處水里遊客中心是必經一站，就在水雲橋旁，玉管處所屬服務處分有水里、塔塔加、梅山、安南等地方，水里是其中最親民便利的一所，因為在四所玉管處中，這裡最容易抵達、海拔也最低，僅243公尺。

　　都說山不在高有仙則名，不高的玉管處水里遊客中心一樣可獲取玉山、水里等相關資訊及旅遊摺頁，愛集戳章的朋友，玉管處內也有多款動植物、景觀紀念章。另外，館內專設有媒體廳介紹玉山國家公園簡介、世界各地國家公園位置分布、特殊動植物資訊介紹、區域地質等，資訊與教育一併兼顧。

　　想進一步認識玉山或前往登高，可向遊客中心事先申請簡報觀賞、展示室與戶外解說導覽等，須記得的是，公家單位作業流程需一段時間處理，簡報觀賞三天前申請、戶外解說七天前得辦理，也可利用網路或電話申請。若無須遊客中心專人服務，不妨將這裡當成參觀景點，中心一樓有展示館，讓遊客了解玉山國家公園多樣的景致。

　　玉管處水里遊客中心前矗立一座「新高登山口紀念複製碑」，該紀念碑是1930年日本人設置，原址在水里鄉崁頂村，因921大地震受創甚深，在考慮歷史地位的真實性下，舊碑沒有遷移，而是複製一座置於水里遊客中心前，重現它原有的歷史古蹟風貌，也成為水里遊客中心門面代表。

臺16線
旅行中

水里

玉山國家公園管理處
水里遊客中心
地址 _ 南投縣水里鄉中山路
　　　一段515號
電話 _ 049-2773-121
時間 _ 09:00 ~ 16:30

來去南投 · 小旅行

水里蛇窯

921 大地震前這裡非常出名，當時從臺 16 線走入蛇窯的小徑還是土石路，一旁販賣梅子、香蕉、冰棒、蜂蜜等農特產品的商販非常多。大地震後，蛇窯曾歇息一段時日，2000 年才重新開園，此時園中多了一處地震紀念館、一座千禧雙口瓶、還多了一份從浩劫中歸來的韌性。

蛇窯

水里蛇窯的作品從過去的日常生活用品，也逐漸轉成具藝術質感的生活陶藝品，濃厚的文化特色與藝術價值，吸引國內知本老爺、涵碧樓等各大飯店採用，更令人驕傲的是，水里蛇窯已正式加入聯合國教科文組織當中，讓臺灣的窯燒工藝世界聞名。

窯主林國隆老師是世界知名的陶藝藝術家，不僅時常奔走國外、也邀請各國同樣愛好陶藝的藝術家進駐蛇窯，共同創造研習，讓蛇窯不單只是提供遊客觀賞的園區，同時也成為一處保留臺灣文化藝術、具教育推廣、與世界藝術同步接軌的重要文化站。

走探窯區

　　園區說大不大，但很精緻，分為入口前區的文物館、咖啡廳，後區的陶藝教室、921紀念館、藝廊、傳統老師傅示範區及現代陶藝示範區等。長長的蛇窯就位在文物館一樓，沿著山坡地形爬升，遊客可以進入窯內參觀。文物館內也展示二次世界大戰時期製作的防空缸、醬油缸、先民生活陶製品等，同時也附設一間咖啡廳，可坐下來喝杯冷飲、咖啡，都是用蛇窯自製的陶杯所裝盛，搭配一份蛇窯推出的窯烤麵包，悠閒中有陶藝、有美食，輕鬆感十足。

千禧雙口瓶

　　沿著文化館旁路徑經過甕牆與小拱橋，則屬後區陶藝教室、紀念館、陶藝示範區、商品展售的範圍，這兒有老師指導捏陶和拉坯，遊客支付少許材料費，便可以感受捏陶樂趣。具有金氏世界紀錄的千禧雙口瓶也高聳在這一區域裡；來到此，不要只是走馬看花，建議靜下心來仔細觀賞園內作品，歷經時間及高溫淬鍊下的姿態，也體驗一下臺灣文化在演變與傳承的時光河中，持續接力往前的感動。

蛇窯小歷史

舉凡沿著山坡地形堆砌、狀似一條蛇的窯爐，都稱蛇窯，源起於福州，在早年的臺灣窯業上經常可見，若由民間經營稱為民窯，官窯則稱為龍窯。水里蛇窯建於1926年，可說是目前臺灣最古老的柴燒窯，現在傳至第三代掌門人林國隆，透過他的奔走與大力推廣，水里蛇窯名氣甚為響亮，成為遊客來此必訪之處，與水里的觀光業幾乎劃上等號。

景

16
21
14
3

臺16線
旅行中

水里

水里蛇窯
地址 _ 南投縣水里鄉頂崁村41號
電話 _ 049-2770-967
時間 _ 08:00 ～ 17:30
價格 _ 全票150元、半票120元、30人以上團體全票120元、半票100元
網址 _ www.snakekiln.com.tw

水里永興村

　　一般遊客對於永興村多會覺得陌生，其實永興村是水里鄉開發最早的地區，舊稱「牛輵轆」，已有近兩百年歷史，村內永興宮旁就有條山徑可登牛輵轆山，山高 758 公尺，也算熱門登山路線。進入永興村有兩條道路，一是臺 16 線轉玉峰大橋後左轉投 58 鄉道，二是沿著臺 16 線右轉投 61 鄉道的永豐巷。我從永豐巷道轉進，沿途住家不多，入眼景致大多是果園、稻田、溪河，直到過了橫跨濁水溪的永興橋就可以見到吊橋、神木指標及地圖。

老社區與古厝

　　循指標右轉進入永興村，還頗有進入世外桃源的感覺，街道乾淨、落英繽紛，安靜且迷人，古味意境濃厚，老屋厝景致不時可見。社區有一戶賴姓古厝是永興村現存最古老房舍，大約九十多年歷史，整個水里可說是從這裡開發興起。這座古厝為白牆紅瓦的三合院，仍有後代人家居住，遊客不可貿然進入，遠遠欣賞就好。

　　住宅社區內也呈現出新舊厝交織的景象，濃厚的懷古意境一陣陣湧上。再仔細探望，社區穿插許多再造與保留文化的況味，例如彩繪白色、粉紅相間的石頭圍牆、花牆、社區指標、低矮有序的瓦頂屋舍、乾淨的道路、屋舍整齊的塗上綠白色系等，若以文化角度拜訪，不難發現蘊藏其中保留歷史、再造生活品質的魅力與感動。

大樟樹

　　永興社區的活動中心與村辦公室旁，一片綠茵草皮上，有三棵被圍上紅布條的大樟樹連成一排，當地人稱永興神木或牛輵轆大樟，樹前有土地公廟及神木祭祀牌位。

　　見到這畫面，可以感受到臺灣人對「百歲萬物」的敬畏之心。永興神木樹齡大概三百多歲，最大樹圍達 6.2 公尺、高 26 公尺，樹體雄健壯實、枝幹茂密蜿蜒，寬闊樹蔭在豔陽高照的日子裡，成為人們最喜愛納涼的位置，也是村民從小到大玩捉迷藏的地方。在四周青山蓊蔥、藍天白雲襯托下，這幾棵大樟樹充滿著生命張力與獨特的樹體語言，讓人百看不厭。

永興吊橋

　　過永興橋循指標往左可以抵達永興吊橋，不過從大馬路抵達吊橋還必須走約 300 公尺的步道，步道有一小段鋪上簡單的水泥磚，一邊宛如刀鑿的山壁，臨溪邊側搭建有簡單的護欄，若是遇到蝴蝶大發生期，這兒彩蝶翩翩，別有景緻。

　　永興吊橋最早期僅以鐵絲、木材架設橫跨獨水溪，雖然簡便卻是當時永興對內茅埔（現在的信義鄉愛國村），以及漢人與原住民之間重要的貿易往來路徑。後來以鋼樑、木材為結構重建成現在模樣，長約 180 公尺、寬約 2 公尺，橋上還可行駛小型貨車，直到永興橋於民國 68 年開通後，吊橋的運輸功能卸任，才轉成觀光景觀橋。

　　現在，吊橋在信義入口端設有一座鳥居與擋柱。擋柱的設立還能明白，是為了禁止車輛通行，僅容行人與自行車；倒是這日式鳥居……不知作用何在，難道過去這裡也曾出現日本神社？由於鄰近景點串連不多，平常遊客稀少，假日健行人潮或自行車客可能會偶爾路過，以旅遊角度來看，被我歸類為「寂寞的景點」，儘管如此，倒是頗適合小情侶兩人靜態散步、吹風賞景。近年，這座吊橋屢次出現維修封閉狀態，出書至今，就不知是否已修復，還請旅人們自行判斷、注意安全。

水里永興村
位置＿臺 16 線右轉投 61 鄉道永豐巷進入，過永興橋後循指標進入

水里鵝肉大王

地址 _ 南投縣水里鄉民生路
154 號
電話 _ 049-2776-363
時間 _ 09:00 ～ 01:00

水里食蹤

水里沒有什麼五星級餐廳，有的就是人氣口碑傳下來的小吃與餐館，站前民生街上到處可見小吃店、麵店、簡餐、山珍海味料理店家，愛吃羊肉、鵝肉、燒鴨、麵食等料理可在火車站附近找到；跨過水里橋，也有多家人氣小吃，如知名的肉圓老店、牛肉麵店等，問清楚今天胃口羅盤針，找到方向，就從容覓食去吧！

水里鵝肉大王

鵝肉大王位在水里車站前最熱鬧的民生街農會旁，雖然以鵝肉為招牌，但溪產、山野菜類也有提供。不過店家自開業以來就是以鵝肉出名，加上價錢實在、口味獨到，所以深受在地與外來客青睞，目前已傳至第三代經營。

店裡鵝肉料理種類多元，除了一般鹹水鵝肉，九層塔炒鵝腸、鵝肉當歸麵線等全鵝料理皆有，鵝高湯也運用廣泛，更重要的是價錢實惠。溪產也是店家料理重點，溪蝦、溪魚炸得酥脆，特別下飯。特別一提，鵝肉大王雖有海產料理店中大桌大食的豪邁感，其實店內也提供一人份餐食，而且價格實惠，最對一人兩腳趴趴走背包客的胃。

或許因為名氣響亮，這塊「水里鵝肉大王」的招牌讓許多人「學習跟進」，由於地名無法註冊成商標，想品嘗老店料理手藝，認真一點看清店號即是，免得掃興。

百順滑口燒鴨

　　想不到在水里這處小鄉，也可以品嘗到師出名門的佳餚。百順老闆梁草分是已逝香港深井裕記老師傅歐兆芬的關門弟子，從品種選擇、飼養、宰殺到燒烤，一整系列過程盡得真傳，原本他在臺北伊通街開店，中途轉投資生意又遭逢事故而收業，爾後他便選擇落腳水里，重賣拿手的燒鴨。

　　其實香港深井裕記是以燒鵝為主，梁老闆解釋，經過評估，臺灣本土鵝並不適合做燒鵝，所以他將技術改做燒鴨，特別將英國鴨改良培育成目前最佳品種，燒出的烤鴨皮酥、肉滑又多汁。百順燒鴨只用糖水塗抹鴨皮，不添加香料、色素，所以外皮色澤較深且香酥，肉質則仍飽含水分及嫩度，維持完美香味。

　　店內用餐環境與一般燒鴨店不同，不僅優雅明亮，器皿也採用歐式料理的白瓷盤，與一般燒鴨店裡的中式餐館風格不同。此外，只要事先預訂，一鴨三吃、五吃都不是問題，店裡簡餐選擇也多，滑口燒鴨、蜜汁叉燒、香蔥油雞、港式三寶、雙味臘腸⋯⋯都不錯。

圖 / 百順滑口燒鴨提供

圖 / 百順滑口燒鴨提供

百順滑口燒鴨
地址 _ 南投縣水里鄉民生路
　　　346 號
電話 _ 049-2776-753
時間 _ 10:30 ～ 20:00
公休 _ 周日
網址 _ www.best-duck.com

水里牛肉大王

民國 37 年，第一代主人許遠惠挑著扁擔在市場沿街叫賣牛肉麵，直到民國 45 年才在民權路上擁有自己的店面，以牛肉炒麵、紅燒牛肉麵為拿手招牌。主人堅持以 1 公斤水、3 公斤肉的比例烹調，還自製香料拌炒，紮實的料理功夫與不偷工的食材，成為遠近馳名的牛肉麵店。目前的店面是第三次遷移後的位置，主人也已經交棒至第三代。

這裡的牛肉味甜、肉嫩、無腥，口感極佳，原來店家是使用沙茶、醬油、胡椒粉及獨家祕方所調製的特殊醬料拌炒，配上主人自製辣椒，風味更上一層。牛肉炒麵會附上一碗牛肉清燉湯，湯清味鮮。至於紅燒牛肉麵的口感也很棒，帶筋的牛肉讓嘴巴不停口，越嚼越香，水餃滋味也不錯，有豬肉與牛肉兩種選擇，至於小菜牛肚、牛筋很新鮮，滷得也很入味，值得一嘗。

水里牛肉大王
地址 _ 南投縣水里鄉鉅公村民生路 249 號
電話 _ 049-277-0865
時間 _ 10:00 ~ 20:00

二坪冰

　　眾人對於公家單位冰棒的記憶，或許多停留在糖廠冰棒上，其實，臺鹽、臺電的冰棒也深具知名度。來到水里，隨便問一下路人哪裡吃冰，答案一定都指向二坪山臺電明潭發電廠的員工宿舍區。

　　這種源自 50 年代的冰棒，講究真材實料的「好水」，當初只是員工宿舍區福利社的構想，反正，水是二坪山的優質山泉水、電是自家生產的免費電，沒想到一推出就廣受歡迎，並且成為水里名產，真是始料未及的美事。

　　二坪山臺電員工宿舍區有兩家冰店，第一家是明潭冰店，再往上則是另一家大觀冰店。兩家冰棒都是便宜又可口，簡單的一支清冰售價 7 元，瞧這價錢，真令人開心！至於口味大概有十多種選擇，價格在 15 元以內，而且各有忠實擁護者。遊客可以坐在冰店前慢慢啃舔，吃完一支再買一支，品嘗不同口味，除了冰棒，也有雪糕可挑選。

　　吃完冰棒，可順道小走一下跨越二坪山的水沙連古道，這條古道通行到日月潭，走完全程約 4 小時，位置就在大觀冰店入口旁的小巷底。古道鋪有石階梯，小走一段大多沒有問題，若想征服全程，最好還是有人帶領比較妥當。

明潭冰店
地址 _ 南投縣水里鄉鉅工村
　　　二坪路 20 號
電話 _ 049-277-4267
時間 _ 每天 09:00 ～ 18:00

大觀冰店
地址 _ 南投縣水里鄉鉅工村
　　　二坪路 41 號
電話 _ 049-277-5465
時間 _ 夏季 09:00 ～ 18:00，
　　　冬季 08:00 ～ 17:00

飄著溫潤木頭香的自然小村

車埕

　　水里至車埕開車大約只需 10 分鐘，即便是搭乘鐵支路也只有短短 2.3 公里，路程不遠，卻與水里有著截然不同景致，像一座世外桃源，安靜、乾淨、有意境。

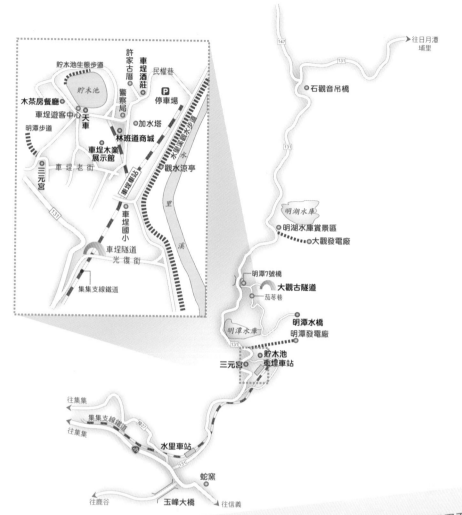

往日月潭
埔里

147

131

石觀音吊橋

131

明湖水庫

明湖水庫賞景區

大觀發電廠

明潭7號橋

大觀古隧道

茄苳巷

明潭水橋

明潭發電廠

明潭水庫

131

貯木池
車埕車站

三元宮

往集集

集集支線鐵道

往集集

21

16

水里車站

131

蛇窯

往鹿谷

玉峰大橋

往信義

地圖內文字：

貯木池生態步道

許家古厝

車埕酒莊

民權巷

木茶房餐廳

貯木池

警察局

P 停車場

車埕遊客中心 天車

加水塔

明潭步道

林班道商城

車埕木業展示館

車埕車站

觀水涼亭

車埕老街

三元宮

131

車埕國小

車埕隧道

光復街

集集支線鐵道

車埕

小檔案

　　車埕是集集支線終點站，舊地名為牛車寮，過去稱「外車埕」，因為埔里至外車埕間，自運載甘蔗出山的輕便車鐵道完成後，臺車便在此集結形成車場；1960年車埕振昌木業創立，開始車埕木業年代，直到1985年政府宣布禁伐，才結束木業榮景。

　　921大地震後，日月潭風管處將車埕納入管理範圍，並與在地業者共創車埕新貌；除了保留木業小鎮風采，同時以觀光化角度做重點延伸，所以，車埕近年不斷變換村落面貌，例如舊木材廠變身為木業展示館、成立以自然為創意的林班道商場、貯木池邊多了生態步道、小鎮街上開始人車分道等。

　　或許，現在見到的文字與圖片又與現況有所出入，文字描寫了當下，卻無法停止它的變化，想看現在的車埕，還是親走一趟吧！

車埕老街

　　窄長的車埕老街就在車站後方，沿著上坡山勢興建，街道呈現一個「非」字，木造、磚造的老房舍橫排在老街兩側，街道直上，頂端是三元宮廟宇，走上廟前戲臺，可以望見車埕村落與遠方山脈景觀。過去的房舍原本建蓋在河道旁邊，受到八七水災侵害後，才遷至現在位置。

　　車埕車站後方的老街旁，原本留有一幢兩層樓檜木老房，是振昌木業員工舊宿舍，可惜在 2013 年 10 月全部付之一炬，想要追憶懷舊還無跡可循。車埕林班道則緊挨著車站正後方，重建一區仿日的臺灣總督府鐵道宿舍，不過探訪時尚未開放，只好留待下回再續。

　　不管城鄉或小鎮，記憶中的面貌都隨時在改變，這兒開了新路，那兒建了樓，不慢不快的腳步中，舊時畫面不知不覺就被抹去既有印象，歲月不饒人，不饒的除了年紀往上加分，還有我們眼前的風情，所以，旅行中若發現舊時痕跡，能停下欣賞就盡力而為，這個世界的腳步太快，回頭無蹤。

景

車埕老街
位置_ 南投縣水里鄉車埕村
　　　車埕車站後方

車埕車站

　　車埕是集集支線最終站，位在明潭水壩下方，話說這處最後火車站，一路走來大不容易，現在眾人所見的車埕車站是 921 大地震後才重新建造，舊站原是普通的水泥站房，歷經地震毀壞拆除，改以木造，也符合車埕往昔木業興起的意象。

　　在車埕，鐵道是重要設施，當水利工程尚未發展前，車埕站就已經很熱鬧了。1911 年時，日本總督府為了運載埔里生產的蔗糖，興建一條車埕到埔里的輕便車道，然後再延伸到二水，1916 年正式通車，當時，這裡稱「外車埕驛」，而「埕」字，就是閩南話「車場」之意，著眼「車埕」命名，可推敲出輕便臺車當年繁忙進出的情景。

　　一百多年來，車埕鐵道文化歷史發展艱辛也精采，最初鑿山開荒，鋪設輕便道，為的是從內山埔里將蔗糖運出，接踵而來的水利電力工程興建、木材業運輸，火車煤煙滿山跑，一路鏗鏘不停。至今，鐵道仍在運作，帶著無數觀光客前來探奇，不僅在臺灣鐵道發展過程中留有一筆記憶，在臺灣經濟史上也是功不可沒。

車埕車站
位置 _ 南投縣水里鄉車埕村，
　　　集集支線終點站

車埕木業展示館

這裡是認識車埕歷史最好的地方。

展示館位在火車站旁邊，算是車埕的「市中心」，前身為振昌木工廠舊址，林木禁伐後至 921 大地震前，工廠一直處於廢置狀態，地震後，日月潭國家風景管理處接手改建，花了 1 億元，耗時近兩年，才將這裡規劃成木業展示館，記錄當地故事，也保存舊有文化資產，目前以 BOT 方式委外經營。

木工廠是二十世紀初期建築，以現今角度來看，在當年是非常「先進」的設計。園區以木材、鋼骨、鉚釘組合，加上外圍草皮、木長廊、舞臺展示區等，充滿藝術與知性美感。展示館保留舊工廠樣貌，以「木和鋼」為建築重點，大部分是原本舊廠房結構，採復原方式修復完成，為保護主建築，還蓋了外覆屋。

室內是兩層樓挑高空間，寬敞明亮，搭配木工結構屋舍，讓建築整體非常賞心悅目。一樓可以細看車埕木業歷史與當時工作模擬，從二樓環視，光線沿木構建築的縫隙射入，再交互穿梭而下，很像一幅流動的光影圖畫，整座展館散發出濃厚藝文感。

園區多屬靜態展示，不妨把它當成散步和藝術欣賞之處，若對建築有興趣，這裡有各種木構建築的榫接工法，以及新舊建築不同的興建方式；動態活動也有，如人力車體驗、木工 DIY、手工皂 DIY 等，可以隨興參與。

景

車埕木業展示館
地址 _ 南投縣水里鄉車埕村
　　　民權巷 110-2 號
電話 _ 049-287-1791 ~ 2
時間 _ 平日 09:00 ~ 17:00 ‧
　　　假日 09:00 ~ 17:30

貯木池與天車

　　車埕有一池美麗的碧綠水潭，是早年伐木業時期用來浸泡、貯存原木的人工水池，又稱杉木池，現在面積大約僅當年二分之一。巨大沉重的木材除了利用池水浮力存放，木頭浸泡在水裡能讓原木裡的樹脂釋出，可延長木材使用年限，同時，也方便讓客戶站在池水旁觀看挑選。

　　客戶選好木材，就是天車作業時間，「天車」即矗立在池邊的高大黑色巨門，由檜木製造，正式名稱為木材起重機，負責將木材從池水中吊起，再利用鐵軌滑車送入工廠加工，時空轉換，天車不再吊木材，改吊遊客驚嘆的眼光。

　　天氣好時，池面總是倒映著藍天與山巒，水面上有水鴨成群列隊，超級可愛，聰明的牠們會跟著遊客列隊遊行，頗懂得迎賓待客之道。貯木池旁的木屋建築原是日月潭風景管理處，可休憩、收集資訊、觀看影片，現在 BOT 給業者當店面經營。木屋對面池岸，設有生態步道供人賞景漫步，繞池一圈，各個角度皆有嬌俏之處。

　　貯木池如今浮木不再，岸邊仍可見舊時振昌木業年代的日式辦公木屋，算是木業歷史的一抹留影。小村觀光化後，水池邊種上楓樹林、羊蹄甲、野薑花，鋪上環潭木棧道，營造一區水生生態池，早年冷硬的木材池已成為讓人舒壓的美潭，當初，有誰能想到？

貯木池與天車
位置_ 車埕木業展示館後方

林班道商場

　　「林班」是指伐木業者依天然地形規劃、分類出不同林場，簡單來說就是樹木的年次、班級與班別；「林班道」則是伐木工人在林班內活動與木材運輸的路線。不過，車埕村內的林班道並不是道路，而是振昌木業為延續車埕木業文化，所經營規劃的一處文化商圈，成立於 2008 年。

　　一般遊客來到車埕很難不被這棟綠建築吸引，班主與設計者是振昌木業創辦人孫海家族第二、三代，這種不突顯自己、融入當地環境的建築，耐看、自然、不刺眼，而且還非常吸睛，只能佩服建築設計師的獨特眼光，讓人們來到這裡，擁有一身舒爽與輕鬆。

　　林班道建築依地勢山坡建蓋，跳脫過去木業加工的刻板印象，經營內容著重木製品與生活的結合，不斷開發、創新木材所能延伸的工藝，在林班道看似玩樂背後，還兼具教學、工藝與推廣自然生活。套用林班道文宣：「希望集結簡單的幸福，看見木頭與人在生活，感覺很舒服，自然，無拘無束⋯⋯。」以商人角度來看，這是阿甘式的經營，只求盡力、不求結果。

　　林班道以體驗工廠與樂活倉庫為主軸，在體驗工廠裡，可自組各種木製品，椅子、筆筒、玩具、相框等，組裝完成再以烙印、彩繪、網印、蝶谷巴特等方式做外表加工，現場有專人指導，不用擔心自己是外行。

　　樂活倉庫位在林班道二樓，出口處走出去就是貯木池，目前空間由香草鋪子商店承租；至於林班道一樓規劃為商店區，有許多具特色的 DIY 手工店家，性質相異又充滿獨特魅力，也有餐廳、核果專賣店，吃喝玩樂皆有。

林班道商場
地址 _ 南投縣水里鄉車埕村
　　　民權巷 101-5 號
電話 _ 049-277-7462
時間 _ 周一至周五 10:00 ～
　　　18:00，周六至周日
　　　09:00 ～ 19:00
網址 _ www.grove.com.tw

明潭水庫

　　水里地區的發展與建設可說是因「水」而存在，並且與日月潭有著密不可分的發電關係。從車埕小鎮三元宮旁的明潭步道往上走，就可抵達位在 131 縣道旁的明潭水庫。

　　明潭水庫是利用水里溪河谷地形所修築的大壩，1995 年完工，為亞洲最大的抽蓄水力發電廠，從地理位置來看，日月潭地勢高屬於上池，位在日月潭東南邊的明潭則是下池，兩者利用 380 公尺的高度落差來進行發電功能與相互調節水位。

　　明潭水庫也因為與日月潭之間注水、沖水關係而有潮汐產生，晚上利用剩餘電量抽水到上池，直到下午日月潭的水再沖下注滿。低水位時，可見到明潭水面上浮起三座小陸橋，這是當時水里往魚池 131 舊線公路上未拆除的小橋，也是在地人稱的「水落橋出」景致。

　　車埕不大，但走步道來到明潭賞景、散步的遊客不太多，或許與日月潭相比這裡太小巫，加上沒有商家攤販，只有純粹的寧靜與單純的山水湖景，不妨到此走走看看，感受另一種不擁擠的自然小品旅遊。

明潭水庫
位置 _ 車埕村上方，於 131 縣道往魚池途中

大觀古隧道

　　喜愛看宮崎駿卡通的人一定知道《神隱少女》這部片子，主角千尋與爸媽穿過一座隧道後進入另一個世界，而這座大觀古隧道給人的感覺，就像片中的神隱隧道，古樸且神祕感十足。該隧道是依地形以人工鑿穿呈 S 形，全長 200 公尺，高度約 4.5 公尺、寬約 5 公尺，進出口處設有少見的紅綠燈管制裝置。

　　隧道的興建與大觀發電廠有關，大觀發電廠建造於 1919 年的日治時期，當時也興建了一條從二水到車埕的縱貫鐵路，專門運送建蓋電廠的機具及其他物資，就是現在這條熱門的集集支線，而大觀古隧道是支線的隧道之一。

　　集集支線不是只有到車埕而已嗎？怎麼會延伸到明潭水庫上方的山脈裡？

　　原是有的，不過 1934 年電廠完工後，車埕到大觀電廠之間的鐵路就拆除了，改闢成公路通行，後來，1981 年明潭上方的明湖水庫興建完成，這段公路又被淹沒在湖裡，至此這個隧道功能才完全失去，還成為蝙蝠棲息地。直到 921 大地震後，日月潭國家風景管理處重新整建，才得以再度面世。

大觀古隧道
位置 _131 縣道往魚池方向，
　　　於明潭七橋前右轉，循
　　　右線，深坑橋前左方可
　　　達

明潭水橋

　　人走路橋，水當然就走水橋，這是一種簡單的同理可證。位在明潭水庫旁就有一座專門給「水」通行的「水橋」。根據日月潭風景管理處的說法，因為要將大觀電廠發電後的尾水，以壓力隧道方式接引到鉅工發電廠進行再次利用，所以挖掘一條長約 5 公里的隧道，像蚯蚓一般蜿蜒潛行在山脈中，途中隧道必須經過電子坑溪，因而架設這條水橋讓水通行。

　　這座水橋高 4.7 公尺、寬 4.8 公尺、長 60 公尺，兩側各有五個溢水孔，假如發電機組無法完全吸納水量時，就會從兩側的溢水孔排出，再落入電子坑溪。根據當地人說，碰到梅雨季時，水橋溢水孔渲洩而下的水流就像十道瀑布，氣勢磅礡驚人。

　　不過這裡非假日人跡罕至，也沒有人管理，加上腹地不大，平常日開車前來還可在路邊稍停；假日時人群會多一些，若腳力不錯，可以騎自行車前來比較妥當。若參加車埕旅遊，也大多會安排乘坐小巴來這裡參觀。

景

明潭水橋
位置＿131 縣道往魚池方向，於明潭七橋前右轉，循右線，過深坑橋沿潭邊直行可達

車埕酒莊

　　車埕酒莊屬於民營，專門以水里鄉所種植的梅子為主要釀酒原料。位置就在停車場正對面，若搭火車，面對車埕車站右前方，經過林班道、警察局後就可見到。

　　酒莊不大，為一、二樓格局。一樓分為三大區，中間是釀酒區與裝瓶區，透過玻璃窗可窺見內部設備，右側走道是酒品展示區，酒莊釀製的經典酒類在此陳列說明；左側是商品展售區，販售各種梅子製品與農特產品。酒莊二樓，有酒品陳列室與品酒區，可品嘗各類酒款，口感酸甜或濃醇厚辣的酒款，都可在此一試。

　　生產的梅子酒皆選用水里當地黃熟梅釀製，黃熟梅具有獨特酸味，成為酒莊酒品特色。由於車埕與木業、鐵道劃上等號，所以莊內酒品多採在地特色來命名，一看就知道出自何方。

　　至於酒款，選擇不少，有黃熟梅發酵釀製的「鐵道公主」，揉和黃熟梅、冰糖、風味獨特的「車埕老站長」，以蒸餾方式釀成的「烈車長」等，酒精濃度約 12 ～ 39%；高厚度的梅酒也有，如59% 的「鐵軌」與 69% 的「時速 300」，都是蒸餾後掐頭去尾的純正酒心。

　　喝酒是一件高雅的事，小酌怡情，過量傷心，謹記醉不上路，才可以繼續開心四處旅行。

農特產

車埕酒莊
地址 _ 南投縣水里鄉車埕村民
　　　權巷 118 號
電話 _ 049-2870-399
時間 _ 平日 09:00 ～ 17:30，
　　　假日 09:00 ～ 18:00
網址 _ www.railway-wine.com.tw

木茶房餐廳

木茶房餐廳
地址 _ 南投縣水里鄉車埕村
　　　民權巷 105 號
電話 _ 049-277-2873
時間 _ 平日 10:00 ～ 18:00，
　　　假日 10:00 ～ 18:30

　　木茶房位在貯木池旁，餐廳入口有一只大木桶，告訴遊客到此用餐的主要首選。餐廳隸屬振昌木業，於 2005 年設立，以創意餐飲及庶民料理為主要餐食。餐廳室內空間寬敞挑高，給人悠閒、舒適感受，面池的那側採用大片玻璃木窗，供入店客人欣賞免費戶外景致。若想更親近大自然也可以選擇戶外露天用餐區，直接把遠山、水面、池邊香榭全部都當成用餐背景。

　　談到車埕的吃，木桶便當不能錯過。臺灣各地都有具代表性的鐵路便當，像是北部福隆火車便當、南部阿里山奮起湖便當、東部花蓮池上便當，而中部則有車埕木桶便當，收集起來，正好環島一圈。車埕木桶便當造型可愛，創始店就是木茶房，現在除了木茶房，老街許多商家幾乎都有銷售，至於便當菜色各家不同，不過吃完便當，木桶都可帶回家。另外，木茶房的鬆餅超值又美味，不要錯過。

臺 ㉑ 線的

文字
地途

臺 **21** 線　直穿南投縣，該線北起東勢天冷，一路往南從國姓鄉進入南投，經埔里、魚池、日月潭，與 16 省道在水里交會一小段路程，接著進入信義鄉至塔塔加，全長約 145 公里。

　　埔里至日月潭段稱「中潭公路」，水里塔塔加段別稱「新中橫景觀公路」，也稱「玉山景觀公路水里玉山線」；臺 21 線行經和社時，可經投 60 縣道切往東埔，最南端直上玉山國家風景區的塔塔加，至此都屬南投縣範圍。

　　不認識臺 21 線，就好像只認識半個臺灣；因為沿著南投境內的臺 21 線可以見識到許多臺灣之最，例如全臺第一大淡水湖——日月潭、全球三大泥炭土之一的頭社活盆地、全臺最小的水庫——頭社水庫、全臺最廣的信義鄉梅樹林，臺灣第一高峰玉山國家公園……等，這一條線道山水景觀豐富，又容易親近。

　　不過信義鄉段的新中橫公路常飽受風災之苦而禁行，雖然歷經多年修整、新闢，路況也煥然一新，不過，即便全線暢通，行前還是留意一下路況，比較保險。

山帶靚、水轉香的人氣鄉鎮

國姓、埔里

　　國姓鄉、埔里鎮是臺21線上重要鄉鎮，文化與農特產皆多元豐富，不僅酒廠、紙廠、寺廟知名，筊白筍、甘蔗、香菇等農特產，也深得人心。

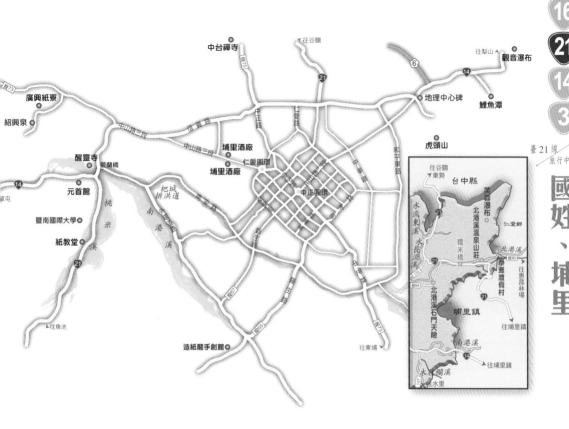

中台禪寺

往谷關

往梨山　觀音瀑布

16
21
14
3

廣興紙寮

紹興泉

往梨山

地理中心碑

鯉魚潭

埔里酒廠

虎頭山

臺21線
旅行中

醒靈寺

鶯蘭橋

埔里酒廠

仁愛圓環

元首館

把城排洪道

中正圓環

暨南國際大學

紙教堂

往魚池

造紙龍手創館

往東埔

**國
姓
、
埔
里**

往谷關
東勢
台中縣
芙蓉瀑布
北港溪溫泉山莊
水流東溪
水長流溪
糯米橋
泰雅渡假村
往惠蓀林場
北港溪
仁愛鄉
往埔里鎮
北港溪石門天險
埔里鎮
往埔里鎮
南港溪
水尾擺溪
往水里

 **國
姓
、
埔
里**

**小
檔
案**

　　國姓鄉臨近臺中市，是臺21線在南投的起點，該鄉內有兩條重要河川，分別是北港溪與南港溪。北港溪以糯米古橋聞名，兩側規劃有自行車道，國道6號則沿著南港溪推進至埔里。由於國姓鄉平原少，因此耕地有限，但是盛產青梅，產量僅次於信義鄉。

　　埔里鎮四面環山，屬於盆地地形，海拔高度大約在380～700公尺之間，並承接由合歡山降下來的地形冷空氣，讓這裡一年四季都舒爽。埔里是南投重鎮，地理位置也屬臺灣中心點，鎮內不僅工商發達，亦是農特產集散地。

085

國道 6 號

　　國道 6 號開通後，大大縮短臺中到南投的路程，原本從臺中、彰化前往南投埔里，約需 1.5 小時，走國 6 則只約需 45 分鐘。起端在國道 3 號 214 公里霧峰系統交流道，往東延伸直到埔里大湳榮民分院前臺 14 線為終端，沿途有舊正、東草屯、國姓、北山、愛蘭、埔里等五處交流道。

　　全長 37.6 公里的國道 6 號，號稱臺灣最環保道路，正式名稱為水沙連高速公路。至於環保在何處？在於保護自然生態面。國 6 沿著溪流河谷興建推進，有效減緩對生態環境的破壞及衝擊，最明顯之處，就是避開九九峰自然保護區，而多繞兩個大彎，讓九九峰群山成為沿途最壯麗的綠色屏障。

　　由於臺灣是多地震帶，為了防範未然，國 6 也多以路堤、橋樑等方式建造，將可能遭受地震破壞的風險降至最低，且便於修復，因此，除非必要，道路不再以鑿山洞、沿山壁等方式構築，所以整條國道 6 號，隧道路段約 4.2 公里，比例是全長的 11%；斷層帶以路堤方式建造，約 7 公里，占 19%；橋樑路段約 26.4 公里，占 70%。

　　據說，國道 6 號還有一個遠期計畫，就是從埔里穿越中央山脈一路到花蓮，只是，這個遠期，不知有多遙遠就是了！

國道 6 號
位置＿國道 3 號霧峰系統交
　　　流道 214 公里處

糯米橋

　　國姓鄉的糯米橋是臺灣唯一的三級古蹟橋樑，橋跨北港溪，原名北港石橋，1940年興建，早年為了運輸木材而打造，也是對外重要的交通隘口。橋墩取自當地石塊建造，利用糯米、糖、石灰等替代水泥，所以稱為糯米橋。橋身寬約5公尺、高20公尺、長53公尺，橋基為四孔三柱圓形拱橋，造型簡潔又復古。

　　這座糯米橋命運頗乖舛，歷經地震與多次風災，造成永遠在修築狀態，幸好南投縣政府珍愛古蹟，幾經修復，將四周腹地進行觀光休閒開發，不僅沿北港溪兩側興建自行車道，還建蓋糯米橋原鄉桐花步道、涼亭、觀景臺等，每年國姓鄉的客家活動也幾乎都在此舉辦。

　　國道6號通車後，臺21線人車流量銳減，大部分遊客礙於路程，會選擇直接到埔里、日月潭，站在旅遊角度，放棄這裡不看很可惜，此處山美、水美、橋也美，會是一處迷人的休息站。目前橋身歷經多次修復，非百分百原有古貌，雖是「新穎」古橋，還是留有許多珍貴史蹟供人追憶。

糯米橋
位置＿ 國姓鄉北港村臺21
　　　 線旁之北港溪上

16
21
14
3

臺21線
旅行中

國姓、埔里

087

惠蓀林場

魏德聖導演的電影《賽德克·巴萊》，讓賽德克族躍上舞臺，霧社事件之後，日本人強迫抗日的賽德克遺族遷移到川中島的清流部落。在前往惠蓀林場途中，就會經過清流部落門口，沿著投 80 縣道，途中還有中原部落、眉原部落，算是「原」味濃厚的道路，走到底，便是占地 7,000 多公頃，海拔 450 ～ 2,420 公尺的惠蓀林場。

這座林場是國立中興大學的實驗林場，擁有溫、暖、亞熱帶植物林相，以及許多臺灣原生樹種與特有生物，如肖楠、木荷、臺灣藍鵲等，林木成蔭、巨木參天的景象讓人覺得很舒爽，園區也設有多條賞景路線可抵松風山、杜鵑嶺、青蛙石等代表景點。

惠蓀林場的咖啡香在民國 25 年就開始蔓延，種植的是阿拉比卡種，每年 2、3 月開花，10 ～ 12 月結果；想喝杯純正的惠蓀咖啡，離收費站不遠的咖啡展示中心就能品嘗。蜜蜂是維持自然界平衡的小幫手之一，林場內設置了一座蜂蜜生態展示館，除了認識蜜蜂世界、學習養蜂技術，還可以辨識真假蜂蜜，是了解小蜜蜂大功用的地方。

一次逛完林場很困難，小走一下倒是有推薦路線，如園區松風山步道只 2.5 公里，沿途坡度平緩，還可欣賞惠蓀植物三寶的天臺烏藥、蘇鐵蕨與埔里杜鵑，松樹、楓樹則是沿途常見樹種；路線頂端

圖／惠蓀林場提供

圖／惠蓀林場提供

圖／惠蓀林場提供

圖／惠蓀林場提供

有休憩涼亭，可欣賞北港溪谷與凌雲斷崖，算是輕量級的健腳山徑。另外，林場內有一條涉水步道，水源引接自山泉水，然後沿著鵝卵石階梯步道潺潺流下，是林場最具人氣景點，水流清淺涼爽、圓石臺階在綠蔭之下，頗能洗滌疲累，又兼具輕渡野溪的樂趣，即便不涉水，靜聽流水聲也很享受。

推開窗戶即見森林，是住宿林場的特色，住房多採簡約潔淨設計，還可泡森林湯，住宿選擇除了位於櫻花林的小木屋，尚有翠竹、紅檜、梨園等山莊與溫馨校友會館。有趣的是，林場小木屋地板材質各不相同，有實驗比較性質，目的就是用來檢測不同木材的使用性。不住小木屋也有國民旅舍屬級的山莊可選，窗外望去都是綠森繁茂，風情很迷人，另外，每年林場都會舉辦木文化節活動，有各種精采的主題展覽與表演活動。

景

惠蓀林場
地址 _ 南投縣仁愛鄉新生村
　　　山林巷 1 號
電話 _ 049-2942-136
時間 _ 08:00 ～ 22:00
費用 _ 門票 150 元，非假日
　　　120 元
網址 _ huisun.nchu.edu.tw

中台禪寺

中台禪寺座落在埔里鎮北郊山嶺，2001 年正式落成啟用，禪寺建築體由李祖原建築事務所設計，落成隔年即獲得「2002 年臺灣建築獎」與「2003 年國際燈光設計獎」殊榮，開山方丈則是禪宗大師惟覺大和尚。

寺廟區域以高約 35 層樓的大雄寶殿為中心，寶殿旁順時鐘方向，分別是中台山博物館、蓮花池、普臺公園、尚元餐飲、菩提公園、圓明殿、華林園、鹿野園等。另外，寺廟還附設中小學教育學校、佛教學院等，全寺院占地面積約 15,000 千坪，大雄寶殿二樓以上則不對外開放。

一般而言，臺灣佛道教寺廟幾乎以閩式或仿唐式為主，唯獨中台禪寺完全顛覆傳統寺廟外觀，集古今中外各大建築風格於大成，如玻璃帷幕有天主教大教堂的影子、摩尼珠與蓮花臺則帶有伊斯蘭教清真寺建築特色，印度、希臘、埃及等建築風格也隱隱可見。

雖如此，寺廟應有的莊嚴、寧靜、教化意義並沒有因為建築不同而減少，外界對這座華麗寺廟褒貶皆有，我想，這是著相了。信仰求的是內心安定，至於寄託信仰的屋舍，自然會跟隨時代改變，最初始，可能只是一座石磊、一棟茅屋，再後來，有磚瓦用磚瓦，到了現代，有鋼筋水泥、彩繪玻璃，自然就用現代手法，若因此吸引更多信眾親近，也是不錯的傳教方法。

景

中台禪寺
地址＿南投縣埔里鎮中台路 2 號
電話＿049-2930-215
時間＿08:00 ~ 22:00，
　　　博物館 09:30 ~ 17:30

虎頭山

　　高空極限探險近幾年在臺灣很流行，如高空彈跳、熱氣球、滑翔翼等，還有歷久不衰的飛行傘，是臺灣最早興盛的高空運動之一。臺灣有幾處飛行傘場地頗知名，像是北海岸萬里、臺東高臺、宜蘭太平山、屏東山地門賽嘉村、花蓮鯉魚山、七星潭等。在埔里，俯瞰埔里小鎮及玩飛行傘最佳位置就在虎頭山。

　　虎頭山海拔高度落差約在 220 ～ 620 公尺間，屬於熱氣流型態，夏秋兩季是虎頭山玩飛行傘的最佳季節。平常時候，這裡是埔里在地人運動、建行，甚至野餐兼約會的好地點。遊人若想見到飛行傘的滑翔英姿，可以選擇周末假日前來。不過並非每次假日都可見到，還要視當天氣候狀況，這真的需要一點運氣。若正好氣候適宜、氣流穩定，觀賞及滑翔飛行傘玩家便會聚集在此，讓埔里的天空增色不少。

　　虎頭山也是欣賞埔里盆地景致的無障礙制高點，可將埔里鎮的晨昏、一畦畦綠意盎然的田園，以及夜晚銀河映燈河的景致等，統統收納進旅遊記憶庫中。

虎頭山
位置＿埔里地理中心碑旁道
　　　路，循右線直上

鯉魚潭

　　位於埔里鎮東側虎子山下的鯉魚潭，或許是離日月潭不遠，名氣沒有日月潭響亮，不過此處風光寧靜優雅，曾有小西湖讚譽。潭水是天然湧泉所形成，四周環山，在地人稱這裡為鯉魚堀，而繞著鯉魚潭四周更有七大地理風水密穴，分別是龜穴、鷹穴、龍穴、蝙蝠穴、蜈蚣穴、鯉魚穴、蝦穴等，鯉魚潭四周規劃有環潭步道，長度約 2.2 公里，環潭一周就可觀賞鯉魚潭的七大吉穴。

　　風水神奇傳說不只這一項，相傳鯉魚潭風水極佳，日治時期，日人擔心這裡會出良將奇才，於是打造了一座柳橋，將鯉魚潭劃分南北兩潭，藉此破壞地靈人傑之說。還有，北潭邊有座樟公亭，供奉由潭心撈起的五百歲牛樟樹，據說這棵大樟樹已沉潭超過兩百年，是在地耆老們口耳相傳的神樹，但無人可確認。921 大地震後，在地開發建設公司為復原鯉魚潭美景，派人下湖尋找，果真找出這棵巨樟，在拉斷了六條鋼索後才打撈上岸，並為它紅綢披身，建宮廟祭祀，藉此護佑地方與眾生。

埔里農會酒莊
地址 _ 南投縣埔里鎮蜈蚣里
　　　鯉魚路 22-3 號
電話 _ 049-242-3828
時間 _ 09:00 ～ 17:30

　　美景與傳說多少有相互加分的作用，而人們心中也各有一片神山聖水。我每旅遊到一處，總喜愛聽聽這些故事，不是為景點加分，而是因為這些故事背後，都可發現一絲來自不同年代的生活軌跡，讓這些被形容成仙境的地方，顯得更有血有肉，可親近而非只能遠觀。

　　鯉魚潭邊還有一間埔里農會酒莊，主要研發玫瑰花酒、水果酒、養生酒等，近年推出以埔里笋白筍為主的美人腿湯麵，是埔里農會獨家商品。

觀音瀑布

　　在臺14線埔里往霧社方向的埔霧公路上有處觀音瀑布區，雖然歷經921大地震曾封閉一段時間，經整修後，再度成為埔里地區一條輕量級的休閒觀光景點。開車前來，可以在公路邊的觀音吊橋旁停車，觀音瀑布步道入口不是吊橋這一端，而在馬路對面，由入口步行至最上層瀑布區，大約20分鐘，路程不算遠，但還是需要一些體力。

　　觀音瀑布分內瀑布與外瀑布，入口前進約2分鐘是第一道外瀑布層，步道沿途鋪設著石子路與木棧道兩種路段，一路上的景致包括山溪、石壁、綠樹、自然風，是輕鬆好行的健腳路線。踩著一路的綠意幽幽，享受自然環境，沿途山溪也因地勢落差，形成四到五層的階梯小瀑布。

　　來到最上層，就是稱為內瀑布的觀音瀑布，分三層由上傾瀉而下，夏天時水多，瀑布雖不寬闊，卻也氣勢驚人。瀑布下是一池水潭，水質清澈，冬春兩季時水量不大，卻令人心曠神怡。礙於安全考量，不建議遊客貿然下水嬉戲，不管是沿途的小溪瀑布，還是瀑下水潭，旅人周遊原則，再美再水再有誘惑，留命才有再一次的探索。

觀音瀑布

位置_南投縣埔里鎮臺14線埔霧公路觀音吊橋對面

醒靈寺

　　百年老廟總帶著一股樸實的溫情，華麗只是點綴，更多的是那種深入人心的寧靜感，埔里醒靈寺就是這樣一座老廟，位於愛蘭橋旁高地上，建於 1898 年，舊稱醒化堂，主要祀奉關聖帝君、呂洞賓與灶神，香客信眾不少。由於寺廟位處高地，占領在小丘之巔，站在廟前憑欄可以俯瞰埔里地方景致，廟埕廣場也布置有涼亭山水與花圃，遠離車馬喧囂，竟也自成一方優雅。

　　廟埕前方有條古徑石梯，往下可以連接到愛蘭橋端，路徑採之字形階梯延伸，一路還設有宮燈石柱，中途則有座休憩涼亭，思古幽情油然而生，也帶著些微日本京都的靜雅禪味。至於寺廟後方山門則可行車直上，山門兩旁立有一對石獅，據說是清朝總兵吳光亮建蓋大埔城時，安座於衙門口的那對，至今已一百三十多年歷史。

醒靈寺
地址＿南投縣埔里鎮愛蘭里
　　　梅村路 1 號
電話＿049-291-2952

桃米生態村紙教堂

紙教堂
地址＿南投縣埔里鎮桃米里桃
　　　米巷 52-12 號
電話＿049-291-4922
時間＿周日至周五 09:00 ～
　　　20:00，周六、國定假
　　　日 09:00 ～ 21:00
門票＿100 元，可抵園區消費
公休＿每月第一個周三
網址＿paperdome.homeland.
　　　org.tw

　　歷經 921 震災後，埔里桃米生態村成為全臺第一座以溼地生態主題而重生的村落，整體社區改造完全以自然生態與工法進行，使得這裡一年四季風光充滿自然美，豐富的生態中又以蛙類、螢火蟲、蜻蜓最多，依山傍水，溪流、森林、農田和村落溼地交錯，景觀優美得像世外桃源。

　　在 921 大地震十周年時，社區的新故鄉見學園區開放一座紙教堂，這座原來位在日本神戶的「Paper Dome」，起建於日本阪神大地震後，當時紙教堂主要用來撫慰災民心靈重建之用，後來更成為災民的信仰重心。多年後，臺灣 921 大地震發生，經臺日兩方交流，同意將這座紙教堂遷移來臺，讓紙教堂跨海繼續撫慰人心、重建生命力，如今新故鄉見學園區已於 2012 年正式對外規劃完成，園區內除了紙教堂，還有店鋪、餐廳、生態池、自然農園、市集等專區規劃，已成為桃米社區一處重要展示與交流場所。

農特產

埔里酒廠

地址 _ 南投縣埔里鎮中山路
三段 219 號
電話 _ 049-2901-649
時間 _ 平日 08:30 ～ 17:00，
假日 08:30 ～ 17:30
公休 _ 無
網址 _ event.ttl-eshop.com.tw/pl

埔里酒廠

來到埔里不到埔里酒廠只能說是虛晃，「埔里酒廠＝埔里」是大多數遊客的印象，也是埔里最具人氣的一站。酒廠分設道路兩側，一邊是辦公室及工廠，另一邊則是停車場兼展示區，遊客大多停留在展示區這一頭。

一進入酒廠範圍，淡淡的酒粕發酵味搔弄鼻門，這種帶點酸的發酵糟味通常代表進入酒廠勢力範圍。埔里酒廠出產的名酒不少，以愛蘭酒、紹興酒最負盛名。此外，酒廠也推出多款酒香小吃，像是紹興冰棒、酒蛋、米糕、鳳爪等，不過大多是聞得到酒香吃不到酒醉，贏得不少遊客的歡心。

歷經 921 大地震，當年受損的酒廠舊廠房區已改建成紀念公園，並且將過去釀酒的酒甕收集起來，於酒廠二樓展覽區陳列成一條酒甕隧道，供人穿越，順道緬懷一下過去的古老時光。另外，酒廠也不定期推出許多紀念酒或特價組合酒款，最常見搭配如愛蘭白酒、純米清酒、十年精釀陳紹等，都是歷久彌新的送禮選擇。

農特產

廣興紙寮
地址 _ 南投縣埔里鎮鐵山路
　　　310 號
電話 _ 049-2913-037
時間 _ 08:30 ～ 17:00
網址 _ www.taiwanpaper.com.tw

懷古與創意的埔里紙文化

　　從 1935 年埔里開始製造第一張紙之後，便奠定埔里造紙工業的興盛與地位，同時埔里優良的水質也是造紙工業可以持續至今的關鍵。1971 年，造紙工業全盛時期，整個大埔里地區擁有將近五十幾間的造紙工廠，而且各個規模宏大。時至今日，埔里僅存十多間造紙工廠，在這幾間紙工廠之中，又以廣興紙寮與造紙龍手創館較為知名。

廣興紙寮

　　在埔里的紙藝文化當中，廣興紙寮一直是站在前線的代表，也是將埔里紙藝文化推廣發展的第一家。創立於 1965 年的廣興紙寮至今仍具盛名，而且還保存著完整的早期手工造紙技藝。近年，廣興紙寮將觀光、文化與藝術相結合，不僅讓遊客參觀，還可以直接參與造紙 DIY 體驗，並且於舊紙廠旁成立紙產業文化館、臺灣手工紙店等，讓老舊紙工廠蛻變為擁有一股源源不絕新創意及文化傳承的地方。

造紙龍手創館

　　埔里還有另一家知名的紙工廠，那就是造紙龍手創館，它與廣興推廣傳統手工造紙工藝不同，若問一張紙能有多少變化？在造紙龍手創館裡的答案會是無限。

　　臺灣紙張工業世界聞名，外銷國遍及歐、美、亞、澳、非五大洲，為了延續臺灣的造紙工藝與生命力，成立於 1979 年的埔里造紙廠便將原本印刷、倉儲用的二廠改造，轉型成充滿藝術氣息的「造紙龍手創館」，並以各式紙品，創造出多種具功能性的生活用品。

　　館區裡設有紙玩意雜貨鋪、紙公仔主題餐廳、DIY 體驗工坊、紙文化走廊、紙創達人展覽區等，讓紙張不再是一張紙，而是一種生活態度與創意樂趣。

農特產

造紙龍手創館
地址 _ 南投縣埔里鎮隆生路
　　　118-2 號
電話 _ 049-2902-989
時間 _ 09:00 ～ 17:00
門票 _ 50 元 / 人
網址 _ www.pulipaper.com/diy

黑松元首館

　　臺灣真的什麼主題博物館都有，2012 年 7 月，在埔里就有家以元首為主題的元首館開幕，幸好，這裡沒有長袖善舞的政治秀，而是處處充滿甜蜜與溫馨。元首館由臺灣知名品牌「大黑松小倆口」喜餅業者所創立，以主題式休閒館模式打造，本館是一棟城堡造型的建築，帶有濃濃的童話夢幻感，至於元首名稱，還隱藏著第一名、首選之意。

　　步入館區，城堡、西洋棋、南瓜馬車的童話感畫面讓人眼睛一亮，城堡前廣場約半個人高度的棋子群與西洋棋盤，讓人彷彿走入中古世紀的歐洲世界，黑白兩棋盤的中間走道地板，畫有一幅逼真的 3D 瀑布圖，遊客也愛利用借位攝影，讓自己宛如佇立瀑布中，頗為有趣。

　　走進城堡內，玻璃門一開，左方牆出現孫中山與蔣介石的經典畫面，繪著兩位元首在 1923 年 7 月時相會於廣州車站，接著便步入琳瑯滿目的商品展售空間，規劃有現場烘焙區、牛軋糖展售區、元首喜餅區等。烘焙區正對著大門，一入館內就可以聞到香濃的烘烤奶香瀰漫。

牛軋糖展售區以宮廷馬車造型呈現，是館內頗熱門的一處，漂亮的黑馬雕像上有彩繪裝飾其身，車廂則當成手工現做的牛軋糖區，也是熱門人氣伴手禮區。至於二樓則是元首館自營的菇霸（Good Bar）火鍋餐廳，空間裝潢以 Casino 風格來展現，特請香菇達人江錫興設計菜單，以埔里生產的養生菇類為湯底，講求健康美味無負擔的快樂飲食。

黑松元首館
地址 _ 南投縣埔里鎮中山路四
　　　段 219 號
電話 _ 049-291-8668
時間 _ 平日 09:00 ～ 17:00，
　　　假日 09:00 ～ 17:30

茶詠群山，傳送幸福甜味的山鄉

魚池

　　魚池鄉生產檳榔、茭白筍、香菇等農作，不過，現在最火紅的則是阿薩姆，甜潤紅茶飄香在魚池山丘峻嶺間，茶湯清透宛如紅寶石，領人享受高雅休閒的貴族品味。

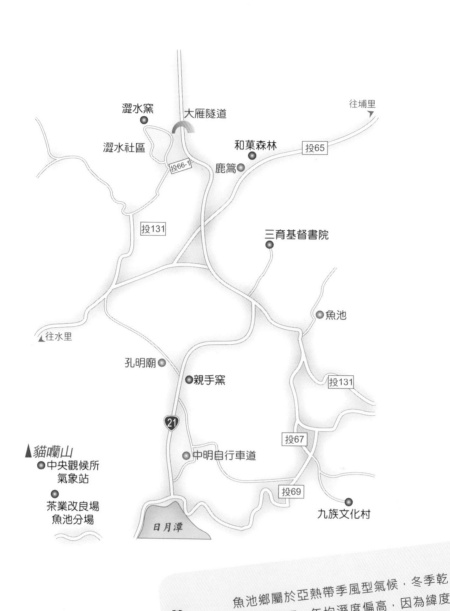

澀水窯　大雁隧道　　　　　　往埔里

澀水社區　　　　和菓森林　投65

投66-1　鹿篙

投131

三育基督書院

魚池

往水里

孔明廟

投131

親手窯

投67

▲貓囒山
◉中央觀候所
　氣象站

◉茶業改良場
　魚池分場

投21

中明自行車道

投69

九族文化村

日月潭

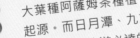
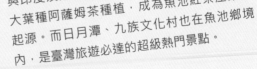

魚池
小檔案

　　魚池鄉屬於亞熱帶季風型氣候，冬季乾旱、夏季多溫雨，年均溼度偏高，因為緯度與印度及斯里蘭卡相同，所以日本人便引進大葉種阿薩姆茶種植，成為魚池紅茶產業的起源。而日月潭、九族文化村也在魚池鄉境內，是臺灣旅遊必達的超級熱門景點。

大雁村澀水社區

大雁村澀水社區是921大地震後重新建設的聚落,位在海拔約600公尺的魚池鄉山谷之中,因為是社區重建,在保留原有古舍之餘,新社區建築也以統一模式建蓋,白牆藍瓦的新建物在一片綠林之中頗為搶眼。

社區規劃採環狀設計,由澀水溪、桃米坑溪兩條河流夾抱,區域內動植物生態豐富,因此村內整建四條生態步道供遊人探訪,分別是田頂、水上、柴崁坪、烏雞母林。此外,社區內景點也不少,有雙心生態池、澀水溪上游神祕谷、瀑布群、溼地等。

行走在社區裡,可發現統一模式的陶板信箱、手繪陶板與擺飾等,都很吸睛,也間接向遊客說明澀水是一處陶窯興盛的地方。由於這裡蘊含豐沛的製陶極品原料──白仙黏土,因此陶藝相當發達,早年的陶品更銷售至鶯歌,盛極一時。現在社區內的澀水窯仍持續進行柴燒工作,燒出來的作品外表光滑細緻,不需要上釉就可顯現出陶品獨有的光澤。

澀水紅茶也頗負盛名,澀水皇茶就是該區品牌代表,除了喝紅茶,也推出紅茶餐供品嘗,在社區內的澀水窯就能嘗到,不過紅茶餐要事先預定,若是突然到訪,便只有紅茶解饞了!

臺21線
旅行中

魚池

大雁村澀水社區

位置_ 臺21線從埔里往魚池
方向,過大雁隧道後
右方可見社區入口

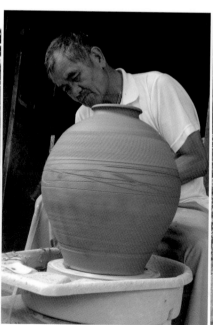

三育基督學院
地址 _ 南投縣魚池鄉魚池村
　　　瓊文巷 39 號
電話 _ 049-289-7047
時間 _ 08:00 ～ 17:00，
　　　周六不開放

三育基督學院

　　這是一所私立學校，由基督教復臨安息日會所創辦，院內設有中學部、學院部及教育中心。說實在的，在臺灣把學園當成觀光景點的風氣，全拜電視偶像劇之賜，因為透過鏡頭所呈現出來的校園美景，還真不是普通夢幻。

　　三育基督書院占地 52 公頃，大概因為是教會學校，加上環境優勢，所以整座校園充滿歐洲地區的悠閒氣息與景致，沒有刻板、嚴謹的臺灣校園味，加上院區裡樹木扶疏、綠草如茵，而且樟樹香氣四處漫溢，行走在直挺連綿的綠蔭大道下，感覺非常悠閒舒爽。

　　校園中隨意望去的每個角度都美得像幅圖畫，所以吸引不少遊客入內洗滌塵囂、拍照取景，想當然耳這裡是偶像劇、電影、廣告經常取鏡的場地。知名的歌唱團體動力火車，也是這裡的校友喔！

親手窯

　　在臺 21 線進入日月潭入口前，親手窯大門的大陶瓶與木雕作品，總會吸引遊客多看兩眼，這裡是一處可以大搖大擺玩泥巴的地方，沒有什麼商業氣息，也沒有什麼個性裝潢，就是幾臺捏陶的轉盤機與後方簡單的展售區。

　　在南投眾多陶窯廠中，親手窯在藝術創意與陶板類生產算得上首屈一指。親手窯於民國 80 年成立時，正逢塑膠工業興起，第一代窯主巫慈彬擔心陶品會被塑膠製品取代，所以逆向操作，成立這所專門提供遊客 DIY 的窯場，不僅將這項充滿藝術與生活價值的工藝保存，也提供一處可以專門玩陶土的地方，在一片市場轉型熱潮中，還惹來許多訕笑；不過，事實勝於雄辯，工業過後休閒觀光業崛起，親手窯不僅保留傳統藝術價值，又可親臨 DIY，不僅未被時代淘汰，還屹立不搖。

　　目前親手窯已經由第二代窯主巫嘉智接手，當初的美意至今成為一項傳奇。窯區除了陶藝 DIY 區，還有陶藝品展售區、陶藝的家、餐廳及木雕陶藝文物館等，是結合了木頭與陶藝的園區。而所見與木頭有關的任何創作、建築，則都出自老窯主之手，巫慈彬非常喜愛木雕創作，作品充滿天真童趣，讓人看了都會莞爾一笑。

臺 21 線
旅行中

魚池

玩

親手窯
地址 _ 南投縣魚池鄉中明村
　　　 文正巷 1-22 號
電話 _ 049-289-8702
時間 _ 08:00 ～ 17:00

澀水與鹿篙的紅茶饗宴

行車來到魚池，便開始一路跟著紅茶跑。魚池鄉內任何一處禮品店、茶飲攤等招攬客人的方式，就是打上阿薩姆紅茶名號。

阿薩姆是來自印度的大葉品種，於日治時期引進。其實，臺灣在日治前也曾種植本地種的小葉茶樹，不過紅茶品質與滋味都略遜一籌。時至今日，魚池已晉升臺灣紅茶一哥地位，紅茶也成為當地主要農業特產，比早期的檳榔產業更旺。

近年來，臺灣深受英式午茶的觀念影響，將紅茶地位推上悠閒與高雅的代表，形成另一種品茗風潮。魚池紅茶只是個區域泛稱，當地茶廠眾多，有各種品牌及包裝，例如澀水紅茶、和菓森林、日月老茶廠等，就是當地頗具名氣的品牌。

大雁社區澀水紅茶

澀水紅茶的名氣在魚池鄉中榜上有名，產區就在大雁社區內，紅茶皆手工摘採、一心二葉，芬芳滋味不在話下。想購買澀水紅茶，日月潭有許多地方皆販售，若是逛到大雁社區，深入產地，不妨到澀水窯逛逛，這裡除了提供澀水紅茶展售，還可以試試陶藝DIY，旺火燒著的就是全臺所剩無幾的「柴燒窯」。

上了釉的坯體必須窯燒73小時才得以完成，時時都要有人在一旁看火、加柴，這樣的窯燒方式讓每個陶藝作品擁有不同的光彩與色澤。許多人不遠千里而來，就是要抱一個獨一無二的作品回家。

農特產

澀水窯文化休閒園區
地址 _ 南投縣魚池鄉大雁村大
　　　雁巷 31-6 號
電話 _ 049-287-5938
時間 _ 09:00 ～ 18:00
網址 _ ezgo.coa.gov.tw

1_大雁社區柴燒澀水窯
2_魚池鄉盆地茶園景致

1
2

鹿篙和菓森林老欉紅茶

擁有老欉紅茶的和菓森林，對於紅茶的淵源可以追溯至日治時代，茶莊女主人石茱樺的手藝，則來自她的父親石朝幸。石老先生早年畢業於「茶業傳習所」，也承襲日本人的製茶技術，種茶、製茶長達一甲子，在臺灣紅茶領域，果真無人能比。

即便紅茶沒落、檳榔崛起，石老先生也堅持不砍茶樹，不僅保全了茶園裡的老茶樹，也使得和菓森林生產的紅茶比他人多了一道老欉大葉種的祖母綠紅茶。和菓森林紅茶皆是一心二葉手工烘製，除了老欉，還有阿薩姆紅茶、臺茶18號的紅玉紅茶、臺灣原生種的紅寶石紅茶，四種茶湯各有滋味。和菓森林也推出多種體驗，如製茶DIY、茶罐彩繪、品茶趣味活動等，是認識魚池紅茶文化的一處好地點。

臺21線
旅行中

魚池

和菓森林

地址 _ 南投縣魚池鄉新城村
　　　香茶巷5號
電話 _ 049-289-7238
時間 _ 平日 09:00 ～ 17:30，
　　　假日 09:00 ～ 18:00
網址 _ www.assam.com.tw/
　　　profile

1&2_ 和菓森林是處可以悠閒品茗紅
　　茶、認識紅茶的好去處
3_ 和菓森林室內一隅

阿薩姆紅茶小檔案

　　阿薩姆紅茶原產於北印度阿薩姆省，該省為世界最大紅茶產地，阿薩姆茶亦列為世界三大名茶之一。阿薩姆紅茶的茶葉細扁寬大，摘採時以一心二葉為主，茶湯鮮紅清澈、芬芳甘潤、滋味濃郁，有淡淡焦糖麥芽香。而魚池紅茶泛指臺茶18號。

陳彥權、石茉樺
魚池紅茶之路

　　有很長一段時間，臺灣紅茶產業非常沒落，一直到珍珠奶茶飲品的崛起，紅茶才逐漸被人們記起，只不過流於價廉茶印象；921 大地震後，魚池紅茶成為魚池鄉重要產業，至此才扭轉紅茶的粗略印象。目前，魚池所種植的紅茶種類有：臺茶 8 號的「阿薩姆紅茶」、臺茶 18 號的「紅玉」，以及「臺灣山茶」的臺灣原生茶種。

　　陳彥權與太太石茉樺是魚池紅茶世家第二代。石茉樺的父親石朝幸是種茶、製茶超過一甲子的老茶師，早年曾在日本人建立的紅茶廠任職，民國初年，於「茶業傳習所」畢業，因此擁有完整的種茶、製茶技術。

　　石茉樺說：「以前，日本人種植的紅茶都外銷日本、歐洲，被視為高級茶品，一般人喝不起，日本撤臺後，臺灣紅茶逐漸沒落。在經濟與生活壓力下，許多人改種檳榔，但是父親捨不得，因此我們園內八十至一百歲的老茶樹才得以保留。這些老欉茶樹製成『祖母綠紅茶』，因為香氣沉穩獨特、層次豐富，還連續兩屆得到製茶冠軍。」

　　「臺茶 8 號是印度大葉種，製成茶葉後茶湯顏色赭紅，帶淡淡焦糖香，滋味濃郁；18 號則是臺灣野生茶與緬甸大葉種的混合種，茶湯瑰麗深紅，具有肉桂與薄荷香氣，口感層次豐富甘美；至於臺灣原生種茶的茶湯金中帶紅，擁有特殊的蜜香與果香，入口滑順清爽。」

　　臺灣人喝茶喜歡講究泡茶功夫，只不過這類功夫的對象多半是以綠茶、半熟茶為主。紅茶文化才剛開始萌芽，因此泡紅茶的功夫也就沒有綠茶那樣繁複，而說起泡紅茶步驟，陳彥權則有他獨到的方式。

　　他利用沙漏來計算泡紅茶的時間，品嘗茶湯時則要呼嚕作響，他說：「泡紅茶的時間大約需要 3 分鐘，比烏龍茶久一點，不過紅茶葉的用量則少很多。魚池紅茶的特色就是擁有焦糖麥芽香，這也是區別他處紅茶的方式。」

　　不解為什麼在品嘗紅茶時要發出呼嚕聲，他們夫妻倆笑說：「主要是讓茶湯在口腔打轉，使紅茶香氣在口裡完全散發，是內行人的喝法！而且紅茶層次感豐富，每一種紅茶都有它獨特的香甜風味，所以人家說，喝紅茶會帶給人愉悅的幸福感受。」

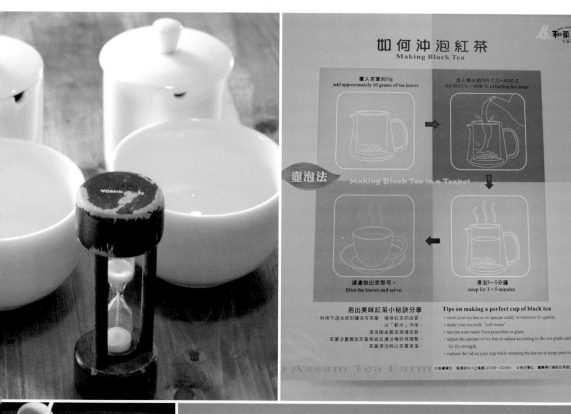

如何沖泡紅茶
Making Black Tea

置入茶葉約10g
add approximately 10 grams of tea leaves

注入熱水約360.C.C～400C.C
fill 360 C.C～400C.C of boiling hot water

壺泡法

Making Black Tea in a Teapot

過濾倒出茶即可。
filter the leaves and serve

浸泡3～5分鐘
steep for 3～5 minutes

泡出美味紅茶小秘訣分享
· 利用不透光密封罐保存茶葉，確保紅茶的品質。
· 以「軟水」沖泡。
· 使用陶瓷製或濾式玻璃茶器。
· 茶葉分量需因茶葉等級及濃淡喜好做調整。
· 茶葉浸泡時以茶罐保溫。

Tips on making a perfect cup of black tea
· store your tea leaves in opaque caddy to maintain its quality.
· make your tea with "soft water".
· use tea ware made from porcelain or glass.
· adjust the amount of tea leaves added according to the tea grade and pref for it's strength.
· replace the lid on your cup while steeping the leaves to keep your tea wa

圖／九族文化村

羞花、爽颯、姿態萬千的風景區

日月潭

　　日月潭是魚池鄉重量級景點，將其與魚池區分單獨挪出來介紹，一方面可以仔細了解日月潭水漾面貌，另一方面可以更深入探索那份絕妙風光。

貓囒山▲
中央觀候所
氣象站
茶業改良場
魚池分場

見晶宮
內湖山步道
竹石園
米洛克景觀飯店
水社親水步道
雲品酒店
文武廟
龍鳳宮
明湖老餐廳
朝霧碼頭
文武廟年梯步道
貓囒山步道
孔雀園
九族文化村
水社碼頭
番子田山
梅荷園
松柏崙步道
松柏崙自行車道

臺21線
旅行中

日月潭

向山車道
涵碧步道

阿里眉山▲

溢水口
日月潭
日月湧泉
大竹湖步道

水社壩
水蛙頭步道

明潭
傳奇風物館
拉魯島

日月潭纜車站

卜吉山▲

玄光寺碼頭
玄光寺
土亭仔步道
青年活動中心
蝴蝶園

自行車道向山段
青龍山▲

向山行政暨旅客中心
伊達邵碼頭
伊達邵親水步道
伊達邵部落

玄奘寺
水社大山步道

逐鹿市集
瑪蓋旦風味餐廳

頭社壩
慈恩塔

二龍山▲

頭社水庫
生態步道
自行車道月潭段
青龍山慈恩塔步道

頭社水庫

環湖一號隧道

信義鄉

頭社自行車道

活盆地景觀

頭社盆地

潭南部落

阿嬤洗衣場

後尖山步道

日月潭小檔案

日月潭地勢東高西低，四周山脈連綿，海拔高 750 公尺，潭水最大深度 27 公尺，總面積達 8.3 平方公里，為臺灣第一大湖；過去擁有許多名稱，如水社大湖、水里湖、水里社潭、水社海仔、龍湖等，但都沒有日月潭來得大氣。四周高山林立，最高峰是 2,058 公尺的水社大山；環潭周邊規劃有 14 條步道及 4 條自行車道，還有一條高空纜車道；風景優美、吃住方便，而熱鬧集中區域，分別是水社與伊達邵兩處。

日月潭好行套票詢問處

臺中高鐵南投客運櫃檯
04-3601-8665

臺中干城車站南投客運櫃檯
04-2225-6418

埔里轉運站 049-266-6147

日月潭水社站南投客運櫃檯
049-285-6879

清境旅行社（南投客運）
049-298-3589

進入日月潭的第一課

每次看到日月潭，風情都不一樣。湖水有時候藍，有時候綠；有時煙霧濛濛，有時透淨得像修過片的立體圖畫。身為臺灣第一大高山淡水湖，孕育了邵族人，也包容了漢人與平埔族文化，湖岸四周不僅圍繞著高山，潭區動植生態亦非常豐富。

環山親水的日月潭共設有 14 條難易度不一的步道，而位在日月潭東北、西南兩邊的水社與伊達邵是兩處主要鬧區，除了聚集商圈、飯店，同時也是搭遊艇遊湖的重要登船點。

想來點不一樣的日月潭觀光，可以租自行車自由行，日月潭四周設置了 4 條自行車道，每一條風情都不一樣，也可以搭乘遊湖巴士，從水社出發，往文武廟、伊達邵，到玄光寺，自行車騎累了，連人帶車都可以上巴士。另外，還有熱門的搭交通船遊湖、坐纜車遠眺等方式，水陸空 3D 一體，如何玩賞隨自己安排。

日月潭也推出多種好行套票，算是好康優惠，幾乎只要原價的 5.5 ～ 7 折，真的可以省很大，頗為划算。例如，購買日月潭水陸空套票，就可搭纜車、遊湖巴士、交通船，並享租車、購物優惠，其他還有日月潭到溪頭、車埕、阿里山等好行套票，以及日月潭高鐵聯票，即便是自行車族也有自行車套票可選擇。

日月潭九龍口

　　沿臺 21 線進入日月潭，入口一帶舊稱九龍口，可以把這裡當成日月潭首站，只因為日月潭景點眾多，使得九龍口附近景點容易被忽略。這裡有幾處景點與日月潭歷史息息相關，又是日月潭貓囒山步道北入口處，值得一探。往昔日月潭只是小小沼澤，潭水傾覆後，許多當年澤邊文物古蹟紛紛遷移上岸，落腳地就在九龍口岸邊。

見晶宮

　　日月潭在未興建水利工程前，是一片淺水的浮嶼沼澤，後來建設了水利工程，便開始遷村、遷路，當時許多位在潭邊的住家、廟宇、祈福標誌等紛紛往更高處挪移，九龍口附近的見晶宮便是其一，不過注意到的人似乎不多。當初我被「見晶宮」名稱所吸引，前往一探，才知道是一間土地公廟，不過土地公廟不都稱「福德祠」嗎？為什麼這裡會取「見晶宮」？

　　原來，這座土地公廟在日月潭未興建前，距離水澤邊只有 6 公尺高度，位在朝霧橋下與加油站之間，是民國 22 年漢人進入開墾時所興建，而且香火鼎盛。因為水利開發，舊廟屬於淹沒區，所以廟方向龍鳳宮神明請示，扶鸞疏文，才遷移至此，並擷取疏文中的字義來為祠廟命名，因此，算是老天爺定下的名稱。

景

見晶宮
位置_ 從魚池循臺 21 線進入
日月潭往水社，入口
約 500 公尺可見

見晶宮的傳奇故事

　　遷移岸邊的見晶宮也流傳著一些民間故事，話說「見晶」兩字，是因為土地公廟面對日月潭，天晴時，見到水面亮晶晶而命名；另一個說法是，日治時期進行水利開發時，常發現天空有一群亮晶晶的東西，一查，發現竟是原本沉在潭底的龍仔銀，因為潭水開發受到驚動，紛紛往埔里方向遷徙，見晶宮就是第一次發現龍仔銀的地方，因而得名。

　　我個人比較偏愛後面這則傳說，非常具有民間說書人的劇情環節，姑且不論故事合理性，見晶宮確實是從潭邊遷移上岸的老土地公廟。新廟小巧，方位正對著日月潭景致，土地公公看著美麗潭景，自然也是天天笑口常開吧！

石敢當

　　距離見晶宮不遠，有兩座不太顯眼的石碣，又稱石敢當。石敢當的源起充滿著濃厚的中國傳說，話說黃帝大戰蚩尤，屢戰不下，女媧娘娘便將自己淬鍊的神石刻上「泰山石敢當」，送給黃帝，因而打敗蚩尤，從此，石敢當便有了鎮邪避煞、防水消災作用。不過，豎立石敢當不是隨便找顆石頭放著就好，這可是需要具道行的道士來進行才行。

　　這兩座石敢當屬於鎮邪防災遺跡。是當年漢人開墾時所留下，刻有「南無阿彌陀佛」那座，原本位在涵碧樓潭邊，另一刻有「水大王、祖師公公、太子元帥　石敢當」字樣的石座，則位在當年稱卜吉社，後改德化社，現為伊達邵的潭水邊，都是因為興建水利，見水位上升而遷移到此，繼續敢當。

竹石園生態研習中心

　　竹石園生態研習中心位於見晶宮旁的半山腰上，園區占地約 1 公頃，種植上百項品種的各式竹子。從臺 21 線看到的竹林，是園區第一層的竹夢廣場，後面有一條竹夢踏石步道，連接到研習中心，不想走路，也可以開車上去，道路沿途種植許多蜜源植物，翩翩蝴蝶則隨處可見。

　　中心旁有一條蝶舞茶香步道，名稱很直白，就是可一路欣賞蝴蝶，一路上行接到貓囒山步道去賞茶園，不過貓囒山步道不算短，路途也陡峭，需留意往返時間，雨天行走容易溼滑，也要小心。

景

竹石園生態研習中心
地址 _ 南投縣魚池鄉水社村
　　　中山路 8 號
電話 _ 049-285-6679
時間 _ 08:00 ~ 18:00

水社

　　水社是日月潭對外的主要門戶，不管水上或陸上交通，幾乎都在這裡轉運，碼頭邊有面積頗大的中興停車場，方便開車遊客停放，讓人安心去遊湖、逛街，因此，水社成為日月潭最熱鬧區域，小吃店、餐廳、大飯店、民宿也最為集中，是前來日月潭必停留之處。

　　已改成晶喜城的水社遊客中心，是問資訊、買東西、吃東西的好地點，不遠的水社壩，風景獨特，近年也成為拍婚紗照熱門景點。

水社遊客中心（晶喜城）

　　日月潭的遊客來自世界各地，又以觀光團體居多，自由行的散客族群近年也翻倍成長，不過，在沒有領隊帶領的狀態下，該從哪裡下手玩起呢？我的旅遊建議，即便已經事先做了功課，第一站還是先到遊客中心找資料，順便印證一下自己的「功課」是否無誤。

　　向山遊客中心未成立前，水社遊客中心是我到日月潭必訪之處，先查看是否有新資訊出爐，舉凡交通、住宿、導覽、行程規劃等問題資訊，都可在這裡獲得解答，只是現在水社遊客中心已外包給業者經營，叫做晶喜城，雖然仍具有旅遊諮詢服務，但已不是主項功能，比較像綜合商場，聚集許多文創、品牌、小吃店家，商業氣息頗重，不過，若想租自行車、寄放行李、借娃娃車等，也有提供服務。

　　晶喜城旁就是日月潭交通轉運站，從外地搭巴士前來，便是在此下車，想轉車到水里、車埕、信義鄉、溪頭等地，聯外接駁車也在此搭乘，要搭日月潭遊湖巴士，還是在此上下。

水社碼頭

　　水社碼頭是日月潭三大主要碼頭之一，也是其中較具規模與人氣的地方。周邊水社街上林立不少住宿、美食小吃，以及紀念品商家，旅客通常在此搭乘遊艇遊湖。白天，水社碼頭人潮不斷，幾乎前來日月潭的遊客多會在此拍照，代表「到此一遊」；夜晚，緊臨碼頭邊的飯店、岸邊建築，以及水邊大樹、步道等，全都會亮起閃爍霓虹燈光，碼頭廣場也搭配音樂進行水舞表演。

遊

水社遊客中心（晶喜城）
地址 _ 南投縣魚池鄉水社村中山路 163 號
電話 _ 049-285-5353
時間 _ 09:00 ~ 17:00
網站 _ www.sunmoonlake.gov.tw

水社碼頭
位置 _ 南投縣魚池鄉水社村名勝街旁

水社壩
位置 _ 日月潭水社村中山路，臺 21 線水社碼頭往頭社方向可見

　　我對於日月潭夜晚的霓虹，融合了驚豔與訝異，被形容得宛如飛天仙女的日月潭，到了晚上竟然如此妖嬌美麗。入夜後的日月潭其實很安靜，除了大飯店的附設設施，街上見不到什麼 KTV、PUB 這類店家，闃黑靜謐的潭面，只見水社與伊達邵兩處碼頭有「亮光」。

　　對喜愛熱鬧、逛夜市的臺灣人來說，或許覺得無趣、不文明，但日月潭畢竟是以自然風光為主的旅遊勝地，喧囂的夜生活還是留在都市就好。

水社壩

　　日月潭的水利工程其實非常浩大，為了疏通日月潭與明潭之間的水量，因而興建這處攔水壩，是以混凝土心牆構築的滾壓式土壩，也就是現在的水社壩壩堤公園區。這道 1933 年日治時期興建的土壩，既堅固又耐用，921 大地震時竟然不受影響，完好如初，讓前來探勘的外國工程隊嘖嘖稱奇。

　　來到水社壩怎麼沒有見到壩頂？那是因為壩頂巧妙的與公路連結，也就是說，遊客們正踩在水社壩的頭頂上，即是大家行走的臺21 線環潭公路。臨水岸邊的壩頂側，搭建綿延百餘公尺的木棧平臺，兼步道與自行車道，平臺底下則是一片碧綠草地。

　　水社壩為日月潭唯一出水口，是日本人為攔住日月潭水源所興建，當初興建日月潭水利工程時，由於意外造成人員殉難，因此日本人設立一座殉難紀念碑立於壩旁，也成為日月潭水利開發的歷史遺跡。

　　水社壩區域風景優美、水波款款，是許多人散步、賞景、拍婚紗照的熱門地點。或許因為這裡少了街道的喧囂，所以在此欣賞潭水、觀看遠方的慈恩塔與群山，總有一種人生真愜意的怡然感受。

龍鳳宮與月下老人廟

　　從水社碼頭往水社壩方向，就可以在臺 21 線上見到龍鳳宮入口牌樓。牌樓直上，頂端是日月潭西岸知名的道教廟，與北麓文武廟同為日月潭兩座重要信仰中心。

　　日月潭龍鳳宮奉祀北極玄天上帝、天上聖母及慚愧祖師，舊址原本位在水社岸邊，與見晶宮一樣。因水利工程於 1934 年搬遷至此，也遠離了日月潭邊。龍鳳宮廟門與一般寺廟不同，不見威武門神，或是散花仙女，而以龍鳳造型的立體浮雕裝飾，廟埕地的石地板上也刻有龍鳳圖騰與籤詩。

　　這裡遊客沒有文武廟多，大概是因為在此賞不到日月潭水面景致，相對的，卻增添幾分鍾靈毓秀的質感。

　　龍鳳宮旁有座月下老人祠，是許多遊客相當熟悉的「在地老人」，這座月下老人塑像原本在拉魯島，921 大地震後，拉魯島只有月老完好安存，便被安座在龍鳳宮。月下老人已在日月潭「服務」好幾十年，算是許多情侶的愛情顧問，從過去到現在，也一直是許多未婚男女或情侶參拜的對象，除了祈求自己桃花朵朵開、兩人愛情可以順遂長久，也可以向月老求籤詩，解除情感迷惑！

龍鳳宮與月下老人廟
地址 _ 南投縣魚池鄉日月潭
　　　中山路 292 號
電話 _ 049-285-6818
時間 _ 04:00 ～ 20:00

文武廟

　　文武廟是日月潭邊最具規模與氣勢的廟宇，即使是平常日，也常見遊覽車一輛接一輛到來。這座大廟歷史可追溯至日治時期，不過當時稱為「益化堂」，因為水利興建，1934 年遷廟重建在日月潭松柏崙山的山腰上，改稱「文武廟」。

　　當時建蓋的文武廟格局不大，後因日月潭觀光興起，廟宇人氣旺盛，容不下人潮，1967 年重新建蓋成如今規模，擁有前、中、後三殿式格局，這是根據中國北朝宮殿式建築而設計。籌劃興建期間，先總統蔣介石前後七次親訪詢問，足見這座廟宇在日月潭的重要性。

　　文武廟山門後，有一對迎賓的紅獅子位在廟埕左右，是前新光人壽董事長吳火獅捐贈，獅子造型渾厚壯大，身體通紅，是寺廟最多人合照之處。循著階梯入廟，第一、二殿是水雲宮，主祀開基元祖及文昌帝君等；中殿是武聖殿，祀關聖帝君及岳武穆王；後殿則是祀奉至聖先師孔子的大成殿。

　　因為視野極佳，文武廟也是觀賞日月潭夕景之地，從後殿平臺望出，金黃色的廟宇屋頂與湖面橘紅帶金的光線相呼應，景色非常迷人。廟前潭邊有一條年梯步道，則是環潭公路未通車時，唯一進出廟宇的朝拜路徑。

文武廟
地址 _ 南投縣魚池鄉日月村
　　　中山路 63 號
電話 _ 049-285-5122
時間 _ 24 小時

日月潭孔雀園
地址 _ 南投縣魚池鄉中興路
136 號
電話 _ 049-285-5668
時間 _ 08:00 ~ 17:00
價格 _ 免費

日月潭孔雀園

　　距離松柏崙步道不遠的孔雀園，成立於 1968 年 10 月，是當年先總統蔣介石親自指示建園飼養，可說是威權時代的產物，不過主要目的卻是為了豐富日月潭的景點，希望日月潭除了靜態的湖光山色，還有一處動態的地方讓遊客免費參觀，是先總統蔣介石的美意，現在這座迷你孔雀園仍是免費入園觀賞。

　　園內飼養兩百多隻藍、白孔雀，以及許多珍貴的禽鳥類，如臺灣藍鵲、長尾雉、金雞、銀姬等。孔雀的個性非常害羞且機警，一般人認為孔雀不會飛，但是當牠們遭遇突襲或要飛越溪谷時，還是會張開翅膀滑翔。

　　至於會炫耀般開屏的只有公孔雀，是牠求偶與遇到敵人時，用來虛張聲勢之用，主要因為屏上的斑眼可以迷惑敵人，同時還能夠撐大自己的形體，相較之下，母孔雀黑褐色的羽毛的確是遜色不少。雖然孔雀開屏非常美麗，但牠粗嘎的叫聲宛如吃下一斤沙，嗯……實在是讓人不敢恭維呀！

蝴蝶園

　　臺灣有蝴蝶王國之稱，不過因為生態破壞，蝴蝶生存環境已經大不如前，數量逐年遞減，如今在環保與生態觀念抬頭的當下，臺灣各地對於蝴蝶的復育相繼呼應，而且成果還不錯。

　　日月潭也有這麼一處，就位在進入伊達邵前、日月潭青年活動中心旁，這座蝴蝶園依著山坡建蓋有木棧道，沿途種植許多蜜源植物吸引蝴蝶，步道上則設立有解說牌，說明各種植物與蝴蝶的特性與資訊。園區內有蝴蝶網室、枯葉蝶網室、甲蟲及竹節蟲網室、水生生態池等，算是一處蝴蝶、昆蟲生態教室，如果需要導覽，可以洽詢青年活動中心。

蝴蝶園
地址 _ 南投縣魚池鄉日月村
　　　中正路 101 號
電話 _ 049-2850-070
　　（青年活動中心）

125

圖／九族文化村提供

九族文化村

地址＿南投縣魚池鄉大林村
　　　金天巷 45 號
電話＿049-2895-361
時間＿平日開放 08:00 ～
　　　17:00，假日 08:00 ～
　　　17:30
門票＿售票時間 08:00 ～
　　　16:00，全票 780 元
纜車＿售票時間平日 10:00 ～
　　　15:30，假日 09:30 ～
　　　16:00，起點從伊達邵
　　　進站，全票 300 元，
　　　半票 250 元。購買九
　　　族文化村門票者不需
　　　另購纜車票。票價更
　　　動以九族文化村公告
　　　為主
網址＿www.nine.com.tw

九族文化村

　　從孔雀園旁的縣道進入就可抵達大林村的九族文化村，這裡一直是魚池當地深具知名度的觀光勝地，雖然現在原住民認定已經進入十六大族，不過文化村鮮明的主題性質，早已深入人心，這是一處結合原住民傳統文化、建築、文物及歌舞的園區。

　　村內還規劃有造景華麗、規模廣闊的歐洲花園，以及刺激好玩、設備新穎的歡樂世界遊樂設施，雖然是一處人工味濃厚的地方，但要把這些好玩、好看、帶有文化等元素結合起來，也不是一件容易的事情。

　　賞櫻花是文化村年度盛事，櫻花大約每年 1 月底至 3 月間盛開，嬌豔迷人，不僅白天可賞，夜晚更如一場燈光與櫻花的雙重秀。這段期間，九族文化村會設計許多活動與遊客共享，櫻花之後接著是各種花祭，如薰衣草、紫藤花等，一樣美不勝收。

　　文化村因增添了「日月潭纜車」設施，近年更加活絡了日月潭旅遊風氣。文化村在 2001 年就已建蓋一座可以鳥瞰整個園區的空中纜車，現在更是跨山越嶺，銜接了日月潭青年活動中心的這條空中交通，2009 年底正式啟用後，形成一股瘋纜車熱潮。九族至日月潭這段纜車道，全長 1,877 公尺，單趟約 7 分鐘，坐在上面可一覽日月潭的山光水色。

圖／九族文化村提供

圖／九族文化村提供

圖／九族文化村提供

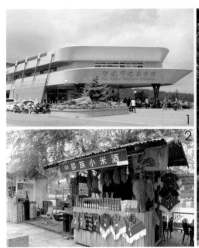

1 2
3 4

邵族生活領地——伊達邵

伊達邵就是以前的德化社，為日月潭邊第二大熱鬧散步區域，這裡街道不大，主要以義勇街、水沙連街、日月街為主，店家販賣商品大多是手工製的原住民服飾，不過單價都不低。到這裡，可嘗嘗邵族風味餐、喝杯臺茶18號、吃手工麻糬、啜飲小米酒等特產。

伊達邵碼頭

鬧街緊鄰著伊達邵碼頭，這處碼頭幾乎是以木板搭建在水面上，成為散步、素人表演、休息的平臺場地，碼頭邊打造一座遊艇造型的遊客中心，已經成了伊達邵碼頭的標記，可以在這裡尋找相關旅遊資訊。常見遊客們坐在岸邊賞景、看人們划船，或是欣賞素人歌手表演唱歌，這般悠閒的感覺，比較接近旅行的目的。

逐鹿市集

來到伊達邵就等於進入邵族領地，除了義勇街可以採買土產、伴手禮，吃在地小吃，從超商旁邊的德化街往前步行約3分鐘，就可見到逐鹿市集。市集裡的店家都是由邵族人經營，裡面有風味餐廳、小吃、工藝品等。特別的是，這裡每天會定時舉行邵族歌舞表演，供遊客免費欣賞，遊客也可以一起登臺互動跳舞。

另外，日月街上還有另一處邵族文化村，也有邵族傳統歌舞表演。不同的是，逐鹿市集位在日月潭邊，邵族文化村則是比較接近熱門街區。

伊達邵
位置_南投縣魚池鄉日月村義勇街

逐鹿市集
位置_南投縣魚池鄉日月村德化街伊達邵碼頭旁
時間_原住民歌舞表演，平日11:20、14:20、18:20，假日加演10:20、16:20

1 船型的伊達邵遊客中心，可在此購票搭船
2 逐鹿市集小攤販
3 伊達邵部落入口牌樓
4 碼頭邊有邵族歌手行會在此表演歌舞

邵族部落區

　　邵族部落與伊達邵碼頭隔著環潭公路對望，舊有部落毀於 921 大地震，後來以組合屋重建，不過只要是原住民的家就一定有他們專屬的氛圍存在，邵族部落裡也是如此，住家外牆裝飾著邵族工藝圖案，部落內亦有不少雕塑、雕刻，作品樸實有力，充滿原住民不羈的風情。

　　邵族是臺灣原住民人口數最少的一支，人口雖少卻保留許多重要傳統祭儀。走進部落，可見組合屋牆面上繪有邵族相關祭典活動圖案，住家門口也都釘掛著邵族語言學習板，社區亦有公共祭祀廣場、民族議會場等，部落並不大，但充滿特色。不過，畢竟這裡仍屬私人家園領地，遊客入內不要任意喧嘩，保持禮貌參觀，熱情的邵族人也會熱心為你引導。

逐白鹿居水畔的傳奇部落

　　相傳很久以前邵族勇士從嘉南平原追逐一隻白鹿而發現日月潭，之後便將家園遷居於此生活至今。邵族是臺灣原住民十六大族群當中人數最少的一族，目前族群約七百多人，主要分布在日月潭伊達邵部落與水里鄉崁頂村的大平林部落。

　　該族至今仍保留許多重要祭儀與年度三大公祭，如三月播種祭、七月初一的狩獵祭、初二拜鰻祭，以及八月邵族新年的祖靈祭等，邵族雖有文字，但是複雜的傳統歲時祭儀、祖靈信仰與生產大事，都靠口傳繼承，讓邵族的祭儀活動增添不少神祕感。

　　特別的是，邵族新年不在正月，而是在農曆八月初，也是他們的豐年祭，此時邵族人會從各地趕回，一連串的祭典儀式，大家一起跳舞、歌唱，活動會持續十多天，整個伊達邵地區，都能夠感受到他們過年的歡樂。

每年農曆八月是邵族新年祖靈祭

景

伊達邵部落
位置_ 伊達邵碼頭臺 21 甲線旁

1&2&3　邵族部落區
4_逐鹿市集的邵族舞蹈表演

信義潭南部落

　　從伊達邵部落旁的投 63 道路上山，可以抵達布農族潭南部落。潭南，意指日月潭之南，這裡舊名為「瓦拉米」，過去也是邵族領地，後來布農族卡社群遷居至此。村內人口不多，約六百人，因為地理位置較封閉，921 大地震時，是最後一處被發現的地方，此地自然生態也因為破壞少、保存良好，加上無光害，每年 4、5 月螢火蟲季，成為最佳賞螢地點。

　　部落主要道路僅有兩條，正好呈十字形分布，往山上，有潭南國小、教會、天主堂；往下行，有傳統石板屋的文化會館、活動中心、獵人的家等代表屋舍。街道充滿濃厚的部落色彩，畫有描述故事的壁畫與圖騰。

　　部落裡除了布農族文化，天主教、基督教是他們的主要信仰，街區有基督教會，最高點則有潭南天主堂，教堂前方的山坡邊緣，還矗立著敞開雙臂的巨大耶穌像，目光正好俯瞰山腳下部落，場景略帶里約熱內盧耶穌山情境。

　　基督教會對面的潭南國小也很特別，是以布農族家屋米倉為設計概念，曾獲得第三屆遠東建築獎，充滿布農族文化特色，校園頗小巧，教室區就圈在操場內。學校內有間布農文化資源教室，陳列著布農族傳統家屋、生活情景等，可以入內參觀。

　　從國小對面道路下行，還有一間以布農族傳統石板屋工法搭建的傳統屋，當初規劃作為社區活動、展演之處，不過大概是使用率不高，經常流於空廢狀態的蚊子館，相當可惜。

信義潭南部落
地址 _ 南投縣信義鄉潭南村
　　　和平巷 36-2 號
電話 _ 049-274-1526（潭南社
　　　區發展協會）
營時 _ 08:00 ～ 17:00

明潭傳奇風物館

　　從水社壩殉難碑旁小路進去，就可見到明潭傳奇風物館，是日月潭傳奇人物張連桂生平的作品陳列館。張連桂一生充滿傳奇色彩，對日月潭所有點滴皆瞭如指掌，所以有「日月潭活字典」之稱。他的創作細膩，具觀察力，充滿活潑的童真與個性，作品種類相當豐富，有瓶中立體藝術、芒萁編織、鋁罐創意藝品、繪畫，以及日月潭模型等。

　　除了創作，張連桂本身就是一個奇蹟，年輕時，剛新婚不久就被徵調到新幾內亞打戰，軍中糧食缺乏，他以靈活的生存捕獵技巧養活軍隊，又與當地原住民成為好友，並傳授他們捕魚技術……。921大地震前，他發現日月潭的天空連續多天異常，當時無人知曉這是地震前兆，張連桂將這些畫面拍攝下來，數年後轉成畫作，如今是風物館展示品。

　　還有更多關於他的傳奇，可入內細細了解。目前風物館由張連桂之子張文耀繼承，對於入內參觀的遊客，張文耀都會請對方喝一杯魚池紅茶，喜愛喝咖啡的人，也可以點杯他自種自採自烘焙的咖啡，口感真的不一樣。

明潭傳奇風物館

地址 ＿ 南投縣日月潭水社村
　　　中山路510巷10號(水
　　　社壩壩堤公園對面殉
　　　難碑旁小徑進入)
電話 ＿ 049-285-5067
時間 ＿ 09:00 ～ 17:00
門票 ＿ 50元/人

向山行政暨遊客中心

　　自從向山遊客中心成立後，帶動了日月潭臺 21 線南端的人氣，加上這裡是自行車道向山段與月潭段入口，成為自行車遊客的朝聖地。向山遊客中心建築非常特別，外觀不是方、不是圓，若從高空俯瞰，有點像老鷹展開雙翅，建築體以清水模為主，大氣又具現代化，而且不搶日月潭風采。

　　建築右側是行政中心，左側屬於遊客中心，一旁有斜坡步道，可以由此走上屋頂眺望日月潭，遊客中心內也有多媒體放映廳、展示室，還有可以喝咖啡、買在地農特產品的向山咖啡館，從這裡望去，可見對岸的涵碧樓半島。

　　因為地勢關係，望向潭景的視野並不開闊，而是呈現 V 字形景窗，所以，為了不讓視野變窄，建築面潭邊緣設計了一池水面，與日月潭、藍天相映，加上空間挑高開闊，屋頂也採綠化設計，將建築融入日月潭的自然環境，視線也不顯拘束。

　　向山遊客中心遠離熱鬧的碼頭，地點較為偏僻，人潮沒那麼洶湧，反而保留了日月潭應有的寧靜美，觀光客即便因為建築而特地前來，但在這樣環境下，多會降低音量，凝成一股自然的優雅。這裡取代了過去水社遊客中心的多項諮詢功能，想獲取更多日月潭訊息，可以來此尋找。

景

向山行政暨遊客中心
地址 _ 南投縣魚池鄉水社村
　　　中山路 599 號
電話 _ 049-285-5668
時間 _ 09:00 ~ 17:00

133

漫遊日月潭 14 條步道

日月潭共有 14 條步道，各有各的美，來到這裡不走個幾條，真的說不過去。其實這也是認識日月潭的最好方式，步道有長有短、有故事、有傳說，把日月潭湖光山色、浮田魚舟、茶園連綿等自然姿色，收納入眼。無需急著一次走完，多來幾趟，順道感受一下日月潭無時不變的容顏。

No.1 ▶▶▶ 水社親水步道

步道從水社碼頭出發，往朝霧碼頭前行可銜接至年梯步道。木棧步道還算完善，沿著日月潭邊線鋪設，沿途有柳杉、金狗毛蕨等綠蔭可欣賞，也是所有步道中，最能近距離欣賞潭水風光的一條。

為了讓遊客可以有處歇腳地方，步道沿途設有休憩桌椅，部分遊客會帶著點心飲料閒坐一下午，觀賞湖面快艇交織的景象。其實，只要不留下垃圾，遊客與風景，通常也會是其他看客眼中的風光。

步道起點可從水社碼頭算起，沿途路過朝霧碼頭、水陸兩棲加油站、竹石園、見晶宮、九龍口噴泉等，最佳的散步時間是清晨與黃昏。

水社親水步道
簡介 _ 屬輕量級水岸生態無障礙斜坡步道，長度1.5公里，步行單程約1小時
位置 _ 水社碼頭

No.2 ▶▶▶ 涵碧步道

　　涵碧步道的入口位在梅荷園右側，環繞涵碧半島，漫步林蔭間，湖景一路相伴，還能仰望知名的涵碧樓大飯店。涵碧步道原是為先總統蔣介石散步而開闢，如今成了遊人皆能親至的森林小徑。

　　這是一條全長約 1.5 公里的環狀步道，沿途道路平坦，即便有階梯，坡度也不高，一家老小都可以輕輕鬆鬆走完，為普羅級路線。步道沿途都是以蔣介石的「曾經留駐」為重點，如梅荷園、耶穌堂、蔣介石紀念亭、他專乘的手划船、涵碧碼頭、育樂亭等景觀，不過時代已遠，已從貴族化成為平民化路徑，可以尋些許歷史味，體驗一下當年元首專屬的風光。

📍 梅荷園

　　取名梅荷園並不是因為這裡種植梅花或荷花之故，而是這裡原本是代號「梅荷」的憲兵駐衛隊管制區，也是用來保護蔣介石夫婦安全的水社制高點。

　　威權時代過去，現在已經成為休閒觀景臺，園區鋪上圓石矮牆，一旁有通向水社街道的階梯，階梯入口處，則租賃給在地業者經營冷飲店。臨潭邊，還有一座浪漫十足的歐式實木迴廊，廊下有桌椅，供人賞景休憩。梅花綻放季節，這裡梅樹相繼盛開，空氣中飄散淡香，是冬遊日月潭最美的拍照背板。

📍 耶穌堂

　　從步道入口右上方階梯直上，是 1971 年先總統蔣介石伉儷出資興建耶穌堂之處，白色羅馬列柱與漆上黃色的神殿建築外觀，感覺樸素莊嚴，也是蔣介石與夫人到此度假時，做禮拜與禱告的地方。

　　蔣介石出生於傳統家庭，從小接受道、儒、佛家思想，直到與宋美齡結婚後，才成為虔誠的基督徒。近年日月潭成為拍婚紗、舉行結儀式的熱門地點，耶穌堂就是準新人最虔誠的拍照聖地。

涵碧步道

簡介 _ 屬輕量級人文史蹟石
板環狀步道，長度 1.5
公里，步行約 1 小時
位置 _ 水社碼頭梅荷園旁

📍 蔣公碼頭

　　涵碧親水步道是蔣介石伉儷生前最愛的漫步地點，興致一來，想乘船悠遊於潭心之上，就是從這座專屬碼頭出發。如今物換星移，碼頭邊手划船已不下水，停置於岸邊小涼亭下，一旁是侍衛碉堡，當初禁地已不敵歲月摧折而鬆散，森嚴氛圍不再，興建步道前，這裡還曾被遺棄一段時光。步道完成，風光明媚的景致吸引國外偶像劇到此拍片，現今許多七、八年級後青年，對這裡曾有的威權幾乎無感，琅琅上口的反而是偶像明星的足跡。

📍 育樂亭

　　取名育樂亭其來有自，1953 年蔣介石發表「民生主義育樂兩篇補述」後，臺灣省教育廳便根據這兩篇補述，在 1960 年時建設日月潭教師會館及這座中國式六角涼亭——育樂亭，並在亭內掛上蔣介石育樂篇語錄。

　　如今看來，好像有那麼一點官場奉承的味道，不過當年日月潭若沒有經過蔣介石的權杖輕點，或許就無現今榮景！從育樂亭往潭心望去，有一項特殊的串連景致，首先是拉魯島、再來連著玄光寺、玄奘寺與慈恩塔，五點連成一直線，被人稱為「幸福連線」，據說這裡也是許願的好地方！

No.3 ▶▶▶ 貓囒山步道

　　貓囒山步道有兩處入口，東入口在中山路石竹園旁，長2.1公里；西入口則在明潭國中旁，循茶葉改良場指標前行，長1.45公里，兩入口步道在茶葉改良場會合。步道沿途可欣賞紅茶梯田與日月潭景致，頂點為海拔1,020公尺的氣象站。

📍 茶葉改良場

　　茶改場擁有的茶園面積約38公頃，種植大葉種紅茶與小葉種包種茶，位置在貓囒山東南方，海拔約850～1,000公尺高度。這裡也是臺灣阿薩姆紅茶的發源故鄉，從日治昭和十一年（1936年）開始，茶改場便已在進行茶業改良與研發。

　　從步道西入口前來，可發現道路旁斜坡上是層層翠綠的紅茶梯田，風景相當優美，沿途經過日本技師紀念碑後便可抵達茶改場，站在這裡，可以盡覽日月潭的風光。許多人把這裡當成終點站，若體力不錯，建議可以再往上步行，經過紅葉步道抵達氣象站。

📍 紅茶老工廠

　　沿著茶葉改良場旁邊小徑走去，會經過一棟充滿舊式風情的紅茶老工廠，是1936日治時期，仿錫蘭紅茶工廠外觀而建造，建築材質選用臺灣檜木，對比的藍窗黑牆與米黃粉刷，成為步道上最引人注目的屋舍，也是臺灣碩果僅存的檜木紅茶廠，被文建會列為歷史建物，不對外開放參觀。

📍 紅葉步道

　　位在紅茶老工廠後方約100公尺，就可見到步道旁成排的錫蘭橄欖樹，因為秋冬時，轉紅的錫蘭橄欖樹葉掉落而讓步道紅成一片，

貓囒山步道

簡介 _ 屬中量級自然生態、
茶園碎石土徑、柏油
步道，長度3公里，
步行來回約2.5小時

位置 _ 東入口於見晶宮、石
竹園生態池旁，西入
口於明潭國中旁臺21
線63公里處

增添不少漫步情趣。更往上走，步道旁除了錫蘭橄欖，兩旁還廣植福州杉、柳杉，讓這段路程帶點歐洲森林小徑的風情。此外，4、5月是螢火蟲大發生季，傍晚7點過後前來，就可以體會什麼叫做「輕羅小扇撲流螢」的趣味了！

📍 **氣象站**

　　氣象站位在貓囒山稜線，視野極廣，前有日月潭風景、後可賞九份二山、國姓、埔里地區山巒層疊景致，平常上來的遊人不多，讓這裡產生另一種恬靜林園的氛圍。

　　日月潭氣象站在戶外設置許多不同功能的觀測氣象設施，如觀測溼度及溫度的百葉箱、統計降雨量的雨量儀、酸雨採樣器、風力塔等，就像一座氣象公園，只是擺放的儀器都是不可近玩的專業真品。氣象局這片園區除了辦公室、氣象觀測設施，還規劃有木棧步道與休息看臺，因為四周視野開闊、空氣又好，很容易讓人想賴在這裡曬曬太陽、打個盹！

No.4 ▶▶▶ 內湖山步道

　　內湖山步道又稱中明步道，銜接舊臺21線的中明自行車道，早年是挑鹽古道的一段，環潭公路未開通前，貓囒居民前往文武廟就從此路進出。步道如今已修整為登山路徑，沿途保留些許早年的砌石路段，行走起來帶點懷舊感，步道兩旁種植成片竹林，入秋後，枯黃竹葉滿山道，遍地金黃，展現另一種中國禪的秋意；竹林應是早年農民為生活考量而栽植，現下倒成為步道上的獨有風情。

　　因為在地氣候溼潤，內湖山步道沿途植物種類多元，其中以蕨類與秋海棠為代表。蛙類與螢火蟲則是此區霸主，春夏交接時是螢火蟲大發生期，這一帶就成為日月潭賞螢祕境，因此步道圖騰是以螢火蟲為代表。

　　前往內湖山步道有兩處入口，分別是米洛克景觀飯店與雲品酒店。米洛克景觀飯店旁沿著山路直上會先抵達直升機停機坪，是早期長官來訪時搭機起降地點，再往前行，便抵達步道入口處；雲品酒店入口則位在酒店大門廣場噴水池旁，先抵達營火區，然後沿青石板與木棧鋪設抵達內湖山步道入口，此條風景優美的環狀路徑，因為正好位在兩端入出口，該步道自然也成為這兩間飯店的後山花園路徑。

景

內湖山步道

簡介 _ 屬中量級自然生態石板、土徑、柏油步道，長度1.5公里，步行約1小時

位置 _ 中明村舊臺21線公路旁，米洛克景觀飯店及雲品飯店旁各有步道入口

No.5 ▶▶▶ 年梯步道

日月潭公路未開通前，前往文武廟的路徑就是搭船到潭邊依靠這條年梯前往。年梯步道從潭底一路爬升到文武廟門樓，共有366階，因為坡度高峻，所以有通天梯稱號。階梯每一階代表一天，每片階梯石板上刻有月份、日期及當天出生的各國名人名字，而中國傳統的二十四節氣也穿插在其中，所以沿階而行時，可以順道尋找與自己生日相同的名人。

不過很多遊客一見這「弄弄長」的樓梯，當下就心生畏途，走不下去，可衡量一下體力再決定，畢竟還有其他平緩步道可以選擇。其實，這座年梯不算難走，沿途風景也不錯，我行走其上時，低頭一瞧，才知道哆啦A夢的生日是9月3日，不過哆啦A夢是「人」名嗎？牠是一隻機器貓吧！因為邊走邊低頭找尋，產生的後遺症就是，好暈！

年梯步道另一特色，是入口兩側格欄掛滿了閃亮的祈福風鈴，好像過年般喜氣洋洋，若想懸掛，文武廟中有得買，買好後記得到香爐前過個火，然後找到自己的生日階梯，將風鈴掛於一旁的格欄上即可。至於元旦出生的朋友，就別抱怨了，早人家出生自然要多走一點路！大概正因為如此，越往下走，風鈴似乎掛得越少哩！

年梯步道

簡介 _ 屬中量級宗教廟宇石板階梯步道，長度0.2公里，步行單程約30分鐘

位置 _ 文武廟前

No.6 ▶▶▶ 松柏崙步道

　　松柏崙曾是邵族祖先出入往返的路線，也是先民對外運鹽、交易的交通要道，為日月潭地區一條具有歷史意義的挑鹽古徑。步道位在文武廟與孔雀園之間，入口很好辨認，見到地上有一排葉脈石雕即是。

　　循著石子小徑進入，兩旁盡是高聳的松樹與柏樹，來到廣場，可見刻著松柏崙字樣的大石圓環，圓環正前方有一座小丘，小丘階梯頂端放置一尊蔣介石銅像。步道則在圓環後面，沿途林木茂密，靠近步道臨潭邊有一組挑夫造型的雕塑裝置藝術，是緬懷先民在挑鹽古道篳路藍縷的開拓精神。

　　記得第一次探訪步道是在非假日，人煙稀少，沿途感覺很是清幽，我一人散步至此，乍見松柏崙圓環相當開心，一個回頭，餘光瞄到白色巨門階梯上，竟然有「一個人」，嚇！額頭打了個十字結，定眼再看，原來是蔣介石銅像，只因從步道走進後有角度視差，若不回頭根本見不到銅像，剛好當日陰天又帶霧氣……。

　　一時間不知道為什麼這裡要放蔣介石銅像，後來弄清楚了，圓環這裡被設計成蔣介石廣場，銅像就矗立在圓環對面階梯頂端，其實樓梯不長，只因剛被撞抖了膽，加上那牌樓頗像忠烈祠這類紀念墓園，在那無人氣氛下，我這旅人驚了膽，掐斃了好奇心，就沒上去跟蔣公打招呼了！

松柏崙步道

簡介 _ 屬輕量級自然生態水
　　　泥、木棧步道，長度
　　　1.5公里，步行單程約
　　　50分鐘
位置 _ 臺21甲線1.7公里處

141

大竹湖步道

簡介 _ 屬輕量級自然生態水
泥、木棧步道，長度
0.18 公里，步行單程
約 15 分鐘

位置 _ 臺 21 甲線 3.5 公里處

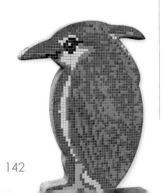

No.7 ▶▶▶ 大竹湖步道

　　若大家想挑戰日月潭步道，大竹湖步道是最好「征服」的一條，短短來回不到 200 公尺，20 分鐘內一定能走完全程。步道雖短，但仍有它特殊的景觀風情，例如大竹湖夕照是日月潭聞名美景。此外，日月潭知名的日月湧泉景觀也是在這裡發生。

　　湧泉的水從哪裡來呢？來自日治時期所建造的引水道，這條水道從仁愛鄉武界鑿通 15 公里，將濁水溪水引進，出水口就在大竹湖，只見溪水翻滾如噴漿激流，爭相破出日月潭水面，成為氣勢驚人的湧泉，剛好一旁有老翁靜靜垂釣，一動一靜的畫面，竟也十分協調。

　　濁黑的水源賦予日月潭豐富的養分與資源，因此潭中魚況豐富，鳥類也跟著而來，日月潭到處都可賞鳥，不過在大竹湖附近的鳥況似乎更佳，白鷺、夜鷺、翠鳥都是常客。而步道入口意象即以夜鷺雕塑當作標誌，見到這夜鷺雕塑就知道來到了大竹湖。

No.8 ▶▶▶ 水蛙頭步道

　　日月潭步道每條都有專屬塑像，若見到公路旁有隻青蛙塑像，代表來到水蛙頭步道。只有 500 公尺的水蛙頭，植物生態倒是異常豐富，可見原始林木、蕨類、山黃麻，近水潭邊還有多種溼生植物等，若喜歡研究植物生態，這兒也是一座寶庫。

　　水蛙頭步道非常特別，屬於水陸兩用，木棧步道從陸岸延伸到水上，搭建在水面上的木棧道設有座椅，可歇歇腿，賞潭景、聽濤聲，看看對岸的水社碼頭、潭上的四手網魚船或水上浮田等，水清景闊，頗有天地我獨享的悠然。

　　可愛的是，近潭邊的水中有座銅雕疊羅漢青蛙，由大到小一隻疊一隻，據說是計算日月潭水位高低的最佳丈量器，水位越低出現的青蛙就越多隻。

　　步道也有一則傳說，往昔這裡是蟾蜍窟，只要下過雨，路面就是黑壓壓一片的蟾蜍大軍過境，讓人寸步難行，直到開墾後才漸稀，稱水蛙是美化，不然稱蟾蜍步道，這沿途美景意境想必會扣分不少。

水蛙頭步道

簡介 _ 屬輕量級自然生態木棧
　　　步道，全長 0.5 公里，
　　　步行單程約 1 小時
位置 _ 臺 21 甲線 4.9 公里處

143

No.9 ▶▶▶ 伊達邵親水步道

　　步道是從伊達邵碼頭邊中華電信旁的小路進入，入口並非很明顯，不過可以從伊達邵通往纜車站與青年活動中心。整段步道皆鋪設木棧道，步道在中段分叉，右線可以抵達磐石營區，穿過21甲公路接到青年活動中心與蝴蝶園；左線步道則架設在水濱上，可以抵達日月潭纜車站，算是一條分支的步道。

　　原本親水步道並沒有左線這一條，只因後來纜車站興建緣故，才在2009年7月新架設完成該分段，特別的是，這條分支步道沿著潭面而建，一邊是臨潭的磐石露營區，一邊是視野開闊無礙的潭水風光。特別提醒，沿途可遮陽的綠蔭不多，夏天要記得做好防曬，冬季則是賞櫻花的好地方。

伊達邵親水步道

簡介_屬輕量級人文史蹟水泥、木棧步道，全長0.9公里，步行單程約40分鐘

位置_伊達邵中華電信大樓旁

圖／梁國寶提供

No.10 ▶▶▶ 水社大山步道

　　想行走水社大山步道需要仔細評估一下體力，因為這是一條屬於重量級的登山步道，體力、耐力都在考量內。水社大山步道入口有兩處，北入口位在青年活動中心，南入口則在伊達邵部落內。

　　循著伊達邵牌樓進入邵族居住的部落，往內走到路盡頭，見到巨大的部落石塑神木與議會廣場，代表離步道入口處不遠，廣場右方住屋巷底即是登山口。水社大山步道前段擁有 1,853 級石階，到此才算抵達山腰處的登山口；石階沿途林蔭掩映，鳥類及植物生態也豐富，建議一般遊客步行到此即可，再上行就屬於登頂路段，必須沿登山小徑前進，而且最好攜帶指南針、備足飲水和糧食，屬於登山團隊的訓練路徑，來回需 8 小時。

　　雖然水社大山頂點是觀賞日月潭全貌的最佳地點，但卻不易抵達，對我而言，到達登山口也算不容易，足可過過乾癮！到此停腳回頭，沿著環狀路線下山，到達串連南北兩入口的木棧道，可選擇由北口或南口來離開水社大山步道。

水社大山步道

簡介＿屬重量級自然生態石板土徑、枕木步道，全長 5.6 公里，步行來回約 8 小時

位置＿北入口在青年活動中心大客車停車場旁，南入口在伊達邵聚落內

土亭仔步道

簡介 _ 屬輕量級自然生態木棧
步道,全長 0.6 公里,
步行單程約 50 分鐘

位置 _ 日月村南行約 4 公里處

No.11 ▶▶▶ 土亭仔步道

　　土亭仔步道充滿濃厚的邵族文化,貓頭鷹是入口塑像代表,但並非指這裡有貓頭鷹出沒,而是代表一則美麗的邵族傳說。相傳遠古時代,邵族有位少女因未婚懷孕被家人驅離,便躲入山中不再出現,族人相傳少女死後化作一隻貓頭鷹,保護邵族懷孕婦女,因而貓頭鷹成為邵族孕婦的守護吉祥物。此外,土亭仔也是邵族石印社遺址,現在仍是石姓氏族祖靈地。

　　土亭仔步道僅 600 公尺長,沿途卻密集架設許多植物與邵族文化解說牌,邊走邊欣賞,倒也充滿增添知識的樂趣,就是不知在時間流逝中,這些解說牌是否可以一直存在。步道終點是兩層樓的觀景平臺,一旁有全臺最小、海拔最高的迷你燈塔,平臺上可欣賞日月潭 270 度的風情,往對岸望去,正好直視文武廟。

No.12 ▶▶▶ 青龍山步道

青龍山步道嚴格來說可分為三段，第一段是從玄光寺抵達玄奘寺停車場，第二段則從玄奘寺走臺21甲公路銜接到慈恩塔停車場，往慈恩塔路程屬於青龍山步道最上段。

第一段步道以玄光寺苔蘚山門為起點，往上步行頗有宗教朝聖的味道，沿途除了有各種關於宗教或佛經的苔雕，還有一段陡坡，是先總統蔣介石從玄光寺前往慈恩塔的抬轎路段，因為當時環潭公路未開通，出入只能搭船從玄光寺碼頭進入。步道往上抵達叉路廣場，左線往玄奘寺停車場，右線穿過21甲公路銜接慈恩塔步道。

慈恩塔步道長約570公尺，是羽量級登山步道。步道鋪設青石板，平穩好走，沿途綠樹森然、花木扶疏，不時可見翩翩蝴蝶與出門逛街的蜥蜴，途中有涼亭供休憩，除了盡情享受森林浴、觀賞豐富的生態，春末夏初時，這裡還是觀星的好地方。

玄光寺

位在日月潭邊的玄光寺建於1958年，當年從日本迎回玄奘大師舍利子，便是暫時安厝在此，直到1965年玄奘寺建成才停止供奉。寺廟屬於仿唐式建築，四周布置有庭院，與同樣仿唐的玄奘寺相比，玄光寺更顯得簡樸內斂。

玄光寺位置也正好位於日潭與月潭交界，右日左月，至於廟前的拉魯島，站在寺廟庭院就可近賞。玄光寺也是遊湖必達之站，寺廟下方設有遊艇碼頭，遊客在此下船，再拾階上行參拜，所以這段階梯也被戲稱為「朝聖步道」。

玄光寺前矗立著一座石碑，刻有玄光寺、日月潭字樣，有趣的是，石碑已成陸客熱門的排隊拍照點。此外，庭院錯落著十二生肖石椅，吸引很多人找著自己的生肖「坐坐看」。玄光寺距離玄奘寺約2.5公里，屬於青龍山步道起點，往步道上行，會先抵玄奘寺，可銜接慈恩塔步道，然後一路上行到慈恩塔。

青龍山步道

簡介 _ 屬中量級宗教廟宇石板步道，全長2.5公里，單程步行約2小時

位置 _ 玄光寺碼頭至慈恩塔段

玄光寺

地址 _ 南投縣魚池鄉日月村中正路338號

景

玄奘寺
地址 _ 南投縣魚池鄉日月村
　　　中正路 389 號
電話 _ 049-285-0220

慈恩塔
位置 _ 慈恩塔步道頂點

📍 玄奘寺

　　玄奘寺是正統佛教寺廟，不設香爐、不燃香，廟內燃著酥油燈，因此進入寺內，一股甜膩的酥油香味撲鼻。寺廟建於 1965 年，供奉玄奘大師佛骨舍利子，以及釋迦牟尼佛金身，可說是一處充滿佛光的宗教聖地，想為自己或家人祈福，可點一盞酥油燈供奉。

　　寺廟是方正仿唐建築，廟埕兩旁林列著高聳的南洋杉，四周氛圍寧靜莊嚴，殿前左右分別有鼓樓與鐘樓，埕旁庭院鋪設著白色卵石步道，置放石桌、石椅供休憩；這裡瀰漫的寧靜氣氛，會讓人們不自覺放輕腳步與聲量。我喜歡聽寺裡師父那句：「你回來了。」的問候語，彷彿離家遊子倦鳥歸巢，被家人招呼著，帶有一股親切，頗是暖人心脾。

📍 慈恩塔

　　慈恩塔興建於海拔 954 公尺的二龍（註 1）山上，是 1971 年蔣介石為感念母親王太夫人所建蓋。建築外觀是寶塔造型，塔高 48 公尺，共 9 層，塔頂設有一座銅鐘，是日月潭最高景點，遊客前來除了看風景，更多人會來敲擊這口銅鐘，震耳鐘聲迴盪山林，劃破日月潭的寧靜，也震懾心中的魑魅魍魎，在步道上聆聽山林鐘聲，格外能撫平浮躁的人心。

　　塔下廣闊的庭院鋪滿細小潔白的卵石沙礫，一旁立著高大的南洋杉及綠樹，以及一座帶著碧綠琉璃瓦帽的鼓樓，說不出的寧靜氣流輕緩流瀉四周。我發現多數遊客會靜靜坐著或漫步賞景，除了鐘聲迴盪，幾乎沒有人在此喧嘩。

　　從慈恩塔上望去，右邊為日潭，左邊為月潭，整座山即青龍山，玄奘寺是龍頭，玄光寺是龍口，至於拉魯島則是龍珠，而潭的正對面是黃龍山，形成雙龍搶珠的地理形勢，真是好一片風光啊！
（註 1）所謂二龍，指的是青龍山及沙巴蘭山的青龍山脈。

No.13 ▶▶▶ 後尖山步道

　　這也是一條挑戰級路徑，困難度雖然只有水社大山的一半，但仍需要耗費體力才能完成。步道位在日月潭南端的頭社聚落裡，環繞整個頭社村，登頂可眺望日月潭與濁水溪，視野相當遼闊。步道區分 A、B、C 三段，A 段穿越頭社社區，可從第一停車場通向第二停車場；B 段坡度較陡，通往後尖山頂，生態很豐富，蝶類、蛙類是觀賞重點；A 加 B 段屬於頭社村段，至於 C 段是指從臺 21 線進入步道，屬於登山段，約有 6 公里。

　　後尖山海拔高度 1,008 公尺，登山道是由水泥產業道路與枕木道路鋪設而成，步道偏離日月潭主區。過去，大部分遊客很少前來這裡挑戰，但因為頭社聚落本身具有獨特的生態與地質資源，加上擁有強烈的聚落風格，近年成為日月潭很夯的區域。

📍 頭社村

　　地名中若有「社」這個字，其意義多半與原住民有關，頭社也不例外。有這麼一則傳說，頭社原是日月潭的日潭，當年邵族祖先追逐白鹿到日月潭邊時，最先在日潭邊定居，後來日潭漸漸形成盆地，也成為頭社庄前身，由於是進入邵族第一站，因此稱為頭社。

　　大頭社盆地因行政區分設有頭社村與武登村，盆地四周則由後尖山、頭社山，以及松柏嶺山等環繞。頭社盆地經由 21 省道北接日月潭、西南接水里，東北邊則是 21 甲省道環湖公路，可接往伊達邵，南邊則由投 62 縣道環繞整個頭社村盆地。檳榔與蔬菜是主要產業，近年，活盆地所生產的絲瓜已成為推廣重點。

📍 頭社村壁畫

　　進入頭社村，不需眼尖就能發現村落到處都有壁畫，繪畫主題全都與頭社地區相關，如先民開墾、農村產業文化、頭社稻米田園景象及鋸木產業等，筆觸細膩，畫面寫實。這些壁畫由出生頭社的南投知名畫家沈政瑩與張自在執筆，是頭社居民頗為自豪的村莊藝術。而曾經名聞全臺的頭社米雖然風光不再，不過社區信仰中心的三勝宮前埕，仍存有一座巨型檜木碾米機，兩層樓高，見證頭社米的全盛時期，深具歷史意義。

📍 活盆地

　　頭社另一較為知名的奇觀就是「會波動的土地」，這是因為此區地質層屬於泥炭土的緣故。全世界擁有大面積泥炭土壤的地方只有三個，一在緬甸，另一是荷蘭羊角村，再來就是臺灣頭社。

　　這種土壤遇水後會變成軟泥，剛出土時為褐色，經過氧化後轉

為黑色，土壤富含有機質，卻容易含水變成泥濘。表層經過日曬後會變得乾硬，但地下土壤因含水而仍然滑軟，這種表面乾、裡面軟的土壤情形，造成農人在表層耕田時，鄰近的人會感受到土地如水床般波動，所以也被稱為活盆地。

想要親自體驗活盆地的動感，頭社村內的紅木農莊前方就是全臺最大面積的活盆地地形。另外，村內還有一處因為泥炭土陷落形成水澤地，至於陷落多深呢？據說，村人曾將一整支長竹竿插入仍滅頂，深度沒人知道，所以稱這裡為無底洞景觀。

阿嬤洗衣場

進入頭社村頗有誤闖古早農家田園的錯覺，這裡仍可見到為數眾多的傳統三合院、百年古厝，古早味設施還包括傳統洗衣場的建置，因為古樸，在地人稱這裡為「阿嬤洗衣場」。

阿嬤洗衣場的模式多半是以一區活水池為中心，水池旁放置兩排石頭，供婦女們圍坐洗衣服。洗衣場雖是921大地震後才興建，並且以生態工法設置接引源源不絕的山泉水，卻也保留了早期婦女戶外洗衣的習慣，也讓居民有一處聯絡訊息、傳遞感情的地方，當地居民更笑稱這裡是「頭社八卦中心」。

古早洗衣場在頭社村共有三處，其中以棉仔園社區的洗衣場較具規模。另一項特別的是，洗衣場的山泉水溫度屬於冬暖夏涼，相差有攝氏6度之多。在地村民也歡迎遊客來這裡，體驗一下戶外洗衣的樂趣。

後尖山步道

簡介＿屬重量級自然生態枕木階梯、土徑步道，全長6公里，步行來回約4小時

位置＿入口處位在南投客運頭社終點站

頭社村

位置＿臺21省道銜接臺21甲交接處

頭社活盆地

位置＿南投縣魚池鄉頭社村平和巷76號，紅木農場前方

阿嬤洗衣場

位置＿南投縣魚池鄉頭社村平和巷棉仔園社區旁

No.14 ▶▶▶ 頭社水庫生態步道

頭社水庫生態步道是一條沿著大舌滿溪搭建的木棧道，入口至水庫長度只有 300 公尺，步道四周屬原始雜木林，動植物生態景觀相當豐富，樹種以火燒柯及油桐樹為主，也是 5 月賞油桐花的好地點。大舌滿溪水質清澈，是水生及兩棲動物最愛的棲息地，例如斑龜、臺灣鯛、豆娘、螢火蟲、紅尾鳳蝶，以及臺灣獼猴等。植物方面也不遑多讓，到處可見逆羽裡白蕨類，是原住民編織的素材，還有臺灣原生種烏皮九芎、山胡椒、赤柯樹等，皆屬珍貴物種。

📍 頭社水庫

步道終點可抵達頭社水庫，也是全臺最小的水庫，建於 1978 年，最大蓄水量僅 303.7 立方公尺。當初建蓋目的主要用在農田灌溉，頭社地區曾經是稻米產地，生產的頭社米品質相當精良，但因灌溉水源貧乏，所以才有頭社水庫的興建。水庫水源取自於大舌滿溪水與日月潭的滲透水，1991 年，政府鼓勵稻田休耕，水庫的灌溉功能停擺封閉，直到近年發展觀光才又對外開放。

📍 山龍坑吊橋

目前水庫四周規劃有 1,600 公尺的環潭步道，並以橫跨水庫的山龍坑吊橋相連接，吊橋興建於 1984 年。由於水庫四周環山，景致優美，水中倒影非常美麗，據在地人說，天氣晴朗時，二龍山上的慈恩塔會在水中呈現倒影。其實，要看這般景致得碰運氣，必須天晴日好、水庫滿水位，觀看角度正對，此天時、地利、人和三要件皆備，才得以望見。

逆羽裡白蕨

頭社水庫生態步道
簡介 _ 屬輕量級木棧道，全
　　　長 0.4 公里，步行約
　　　15 分鐘
位置 _ 臺 21 線 68.2 公里處

慢

日月潭自行車道

　　日月潭自行車道被譽為世界十大最美自行車道之一，整個環潭公路都都可以騎行，總長 30 公里，一般多選擇從水社騎向伊達邵，騎累了，還可以帶車搭遊湖巴士或接駁船返回。日月潭周邊規劃有 4 條自行車專用車道，分別是自行車道月潭段、自行車道向山段、頭社自行車道，以及最新完成的松柏崙自行車道。

　　這 4 條路線都可欣賞湖景風光，至於向山自行車道因為車道橫跨潭面，成為騎士拜訪率最高的一條，而松柏崙自行車道則是最新完成的一段，車道從孔雀園往南至大竹湖步道，緊臨潭邊，幾乎與環潭公路並行。

松柏崙自行車道

　　車道入口就位在文武廟、孔雀園附近，文武廟是日月潭主要觀光點之一，吸引無數國內外遊客前來朝聖，為了串連文武廟到松柏崙、大竹湖等景點，日管處建置了這條松柏崙自行車道，全長 1.5 公里，路段沿著日月潭畔而建，自行車客到文武廟後就不需再與大車爭道，可以輕鬆悠閒騎在這裡賞景。

景

捷安特日月潭租賃站
地址 _ 南投縣魚池鄉水社村中
　　　山路 163 號
電話 _ 049-285-6713
時間 _ 5 月至 10 月 06:00 ～
　　　19:00，11 月至隔年 4
　　　月 07:00 ～ 18:00，周
　　　四公休

向山美利達租車休閒廣場
地址 _ 南投縣魚池鄉水社村中
　　　山路 592 號
電話 _ 049-285-6558
時間 _ 5 月至 10 月 09:00 ～
　　　18:00，11 月至隔年 4
　　　月 09:00 ～ 17:30

易立歐電動車
地址 _ 南投縣魚池鄉水社村中
　　　興路 19 號旁
電話 _ 049-285-0571
時間 _ 平日 09:00 ～ 18:00，
　　　假日 08:30 ～ 18:00

日月潭環湖巴士資訊

時間_每日 1 小時 1 次，平日約 8 班，假日約 10 班，第一班 06:40，水社往玄光寺；末班 18:00，玄光寺往水社

票價_一日券 80 元

停靠站_水社遊客中心→朝霧碼頭→文武廟→松柏崙步道→大竹湖步道→水蛙頭步道→青年活動中心→伊達邵→土亭仔步道→玄奘寺→玄光寺

日月潭交通船

電話_049-285-6428 日月潭遊艇公會

時間_每日 08:00 ～ 18:00

地點_水社碼頭、伊達邵碼頭、玄光寺碼頭

票價_定時航班以段計費，若採自由搭配，票價及時間則依現場告示

向山自行車道

在向山遊客中心旁便是向山自行車道入口，也是環潭車道最特別的一條，因為從這裡騎向水社，長約 3 公里，沿途有 400 公尺路段車道會橫過潭面，正是令車友趨之若鶩的水上自行車道段，想親近日月潭，還有什麼比騎在潭面上來得更親臨現場？尤其在涼風拂面之下，欣賞潭景風光，感覺既逍遙又愜意。

月潭自行車道

從向山行政中心為起點，往南騎行，沿著月潭南岸，沿途經過頭社壩、月牙灣直到環潭一號隧道口旁為止，長度約 3.4 公里。許多行家級車友習慣將起點拉至玄光寺，據說這樣騎起來比較過癮。這一段路程風景有山、有水、有盆地，青龍山脈、頭社盆地、水岸風光統統都收入眼簾。

頭社自行車道

車道離開了日月潭邊，可從臺 21 線進入頭社村，車道約 1 公里，不長，但此時，視野變得平坦，只見頭社盆地平疇沃野、鄉間小路景致也純樸迷人。不過，這裡沒有環潭巴士與遊船碼頭，路途平坦順暢，偶有小坡也難不倒騎士的熱情。

日月潭食在野味

　　來日月潭要吃什麼才算道地？山野菜、原住民風味餐、潭產、農特產，其實這些都是。

　　真要說日月潭「在地」美食，應屬日月潭出產的潭產魚蝦類，如因先總統蔣介石愛吃，而有總統魚之稱的「曲腰魚」及「奇力魚」，都是日月潭美食菜色中兩項主力食材。

　　邵族人稱奇力魚為「奇拉」，曾是邵族人重要食物來源，因為體型不大，多半做成酥炸料理。曲腰魚體長常見約 15 ~ 20 公分，肉質細嫩多刺，適合清蒸。另外，潭蝦、山豬肉、香菇、山蘇等，也是日月潭美食主打菜色，在邵族風味餐中，山豬肉、山野菜的供應為主要特色。特殊料理也有，如野薑花、蜂蛹、龍頭菜、刺五加等，也常見於餐桌。

　　雖然日月潭奇力魚知名，但近年漁獲量幾乎降至零，原因與生態環境、外來種有關，這必須歸咎於沒有考慮到生態問題的放生行為。多年前，日月潭被放生了一種會吃魚卵的玻璃魚及紅魔鬼，只要奇力魚一產卵，魚卵就被隨後的玻璃魚吃掉，使得奇力魚近乎絕種，如今全部仰賴霧社萬大水庫供應，也讓日月潭的漁家損失慘重。

日月潭食在野味
位置_ 多數日月潭周邊小吃
　　　店家、餐廳、飯店等，
　　　皆有提供潭產料理

明湖老餐廳

　　明湖老餐廳是日月潭的老字號店家，1952 年開業至今，緊鄰水社碼頭邊，從餐廳面潭的窗戶望去，潭水、遊艇、碼頭皆是眼前風景。推出的美味料理、功夫菜色不勝枚舉，除了日月潭風味餐，火鍋、合菜、野菜等都有提供。

　　店家老闆謝瑩繼的料理功夫不僅精湛，同時觀察力一流，因為來店用餐的觀光客可說是遍布全球，各國人的吃食口味自然有所不同，養成謝老闆習慣性的留意客人來自哪個國家，然後根據該國餐飲習慣推薦菜色或調整口感。例如大陸客喜歡較重口味的料理，歐洲客比較喜歡有甜酸滋味的菜色、東南亞來客則喜歡料理中添加魚露等，這麼重視顧客對自己家鄉味的熟悉感，難怪來自世界各國的遊客，對明湖的料理總是讚不絕口。

　　到此用餐，招牌豬腳一定要嘗嘗，這道料理需要經過五、六天的三溫暖式悶煮，做工繁細，不僅骨頭酥化可食，豬腳溢出的膠質簡直可以封嘴，筍乾香味更是下飯，長時間的多道料理程序，將豬腳油脂逼出，只留香嫩不膩的好滋味。

　　我喜歡店裡的招牌料理豬腳與野菜，老闆的日月潭烏溜料理也相當鮮美。另外，喝過許多埔里香菇湯，以明湖餐廳的香菇湯最上嘴，湯清鮮香，香菇厚實，口感極佳。能開業這麼多年，我想，味美料實在，再加上用心、價格公道，才是屹立日月潭邊這麼多年的主因吧！

明湖老餐廳
地址 _ 南投縣日月潭名勝街
　　　15 號
電話 _ 049-285-5228
時間 _ 11:00 ～ 14:00、
　　　17:00 ～ 20:30

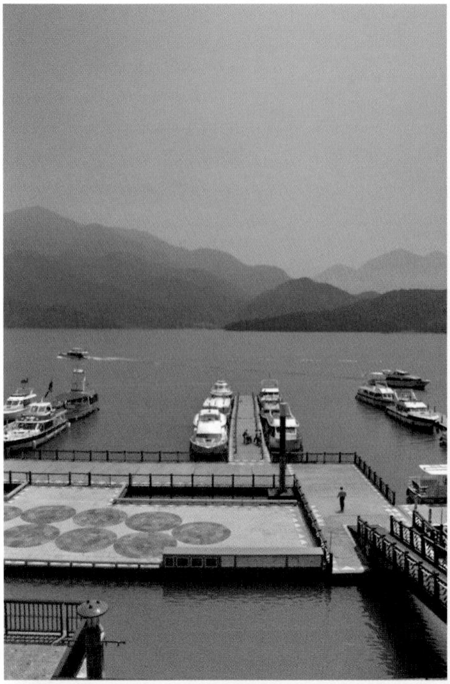

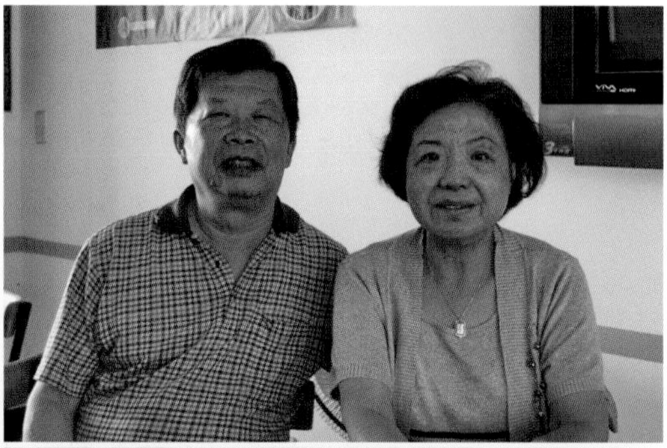

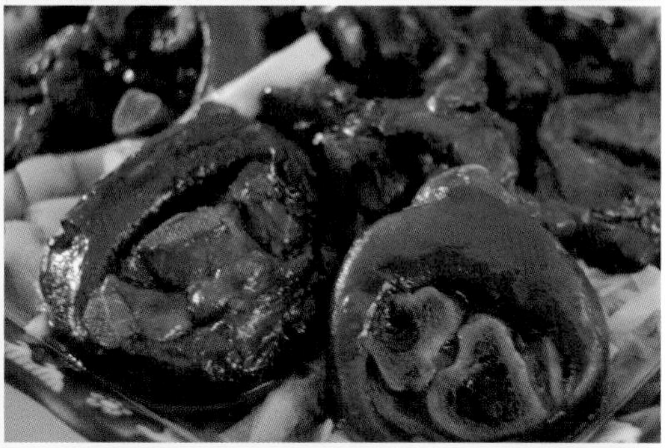

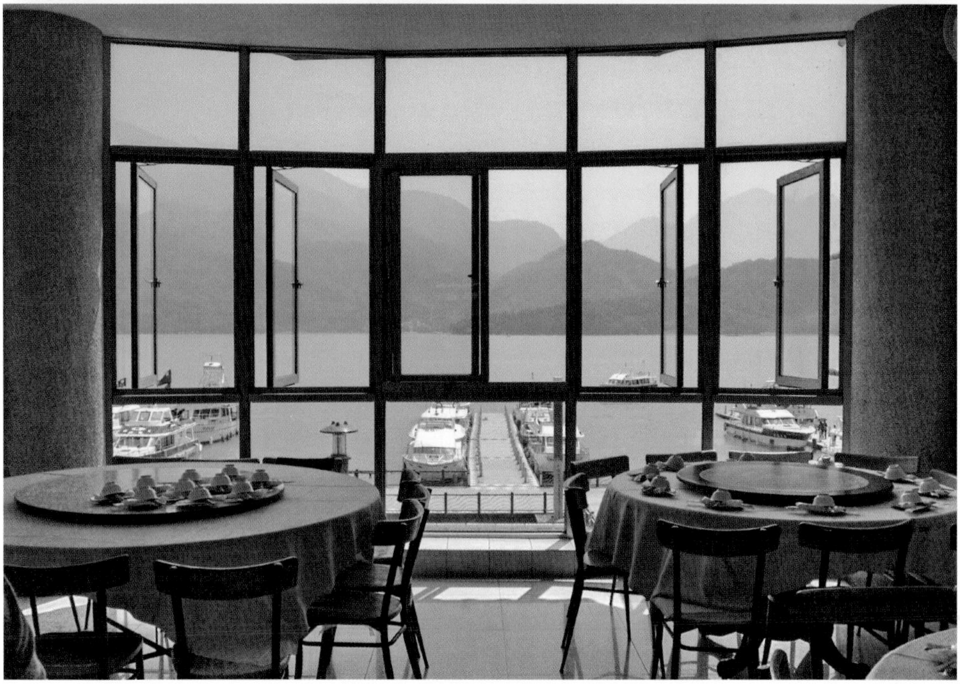

瑪蓋旦風味餐廳

主打日月潭原住民餐的店家不少，但由邵族人經營、料理的店家並不多，伊達邵潭邊的逐鹿市集店家非邵族人不能開設，市集內這家「瑪蓋旦」餐廳，就是正宗的邵族風味。

瑪蓋旦是邵族語「能幹、美麗、聰明」的意思，餐廳老闆娘石金珠的邵族名字就叫做「瑪蓋旦」。這裡的邵族風味餐，不僅原味十足，有些食材還非常少見，像是喜歡生長在溼地的蕨類野菜「龍頭菜」就是其中之一，處理起來也相當麻煩。

石金珠說，龍頭菜只長在乾淨的野生山坡地，天氣太冷就無法生長，一般品嘗時間是 1 月份到中秋這段期間。龍頭菜除了摘採不易，採回來後還必須先煮個 20 分鐘，再泡水 3 小時除澀味，接著冰鎮，雖然處理麻煩，但口感不錯，日本人非常愛吃。

據說，過去這種山野菜還外銷到日本，因為原子彈轟炸過的廣島土地只有這種龍頭菜能生長，它可以抵擋輻射線，講究養生的日本人對這道食材趨之若鶩、喜愛至極。

石金珠對料理非常有興趣，在傳承邵族文化上，她以美食作為開始。為了一改外人對原住民餐食粗糙不細膩的印象，她從道地的原住民食材、風味，甚至擺盤、配色、餐廳整潔等，皆下了一番整頓功夫。

瑪蓋旦用餐區分室內及戶外，戶外區緊鄰伊達邵碼頭，潭水風光優美，宛如一幅風景畫在前，大多數食客也愛選在這裡用餐，邊吃邊賞景，讓享受再加分。

瑪蓋旦風味餐廳
地址 _ 南投縣魚池鄉日月村
德化街伊達邵碼頭旁，
逐鹿市集內
電話 _ 049-291-8656
時間 _ 09:30 ～ 20:00

雲品酒店

地址 _ 南投縣魚池鄉日月潭
中正路 23 號
電話 _ 049-285-5500
網址 _ www.fleurdechinehotel.
com

雲品酒店

　　雲品是日月潭的六星級酒店，以頂極、優雅、尊貴定位，獨立的建築體呈現 V 字形，擁抱整個日月潭景。柚木、玻璃及銅器是飯店主要視覺三元素，大氣挑高的接待空間與陳設相當舒適典雅。

　　酒店共有 10 個樓層，5 至 10 樓是客房區，每一層客房區的公共空間則規劃成藝廊或展示館。公共設施方面包括：Salon & SPA 室、親水主題館、健身房、中西式料理的餐廳酒吧、兒童樂園等，另外還設有攀岩場、每晚都有戶外表演的圓形劇場等，無論動態、靜態，大人、小朋友都可在此盡歡，享受度假生活。

　　飯店住房也採用智慧型房控系統，房客進入後，房內電視自動播放日月潭相關簡介，室內燈光採漸進式明亮設計，讓房客可以適應漸亮或漸暗的光源。另外，飯店也提供值班管家服務、毛小孩專屬小窩，以及 4 ～ 12 歲小孩兒童俱樂部的伴遊服務等，讓家長可以放心在館內活動、用餐，設想得相當具人性化。

圖／雲品提供

米洛克景觀飯店

地址 _ 南投縣魚池鄉日月潭
　　　中正路 3 號
電話 _ 049-285-6820
時間 _ 入房 15:00．退房 11:00
網址 _ miracolo.com.tw

米洛克景觀飯店

　　米洛克飯店正好位在日月潭九龍口入口處，整棟建築環潭而建，非正規方正建築格局，占盡地理優勢，也幾乎將日月潭全湖景象盡收眼底。

　　為了讓住客可盡情享受山光水色、親近大自然，飯店除了餐廳、會議室，並沒有設置其他休閒設施，主要目的就是希望房客們多親近自然景色，飯店甚至自豪表示，整座日月潭就是他們最好的天然戶外設施。

　　飯店每間住房都面對湖景，沒有設置陽臺，多出來的空間全給了住房，為增加安全性，觀賞湖景可透過房間整牆的玻璃窗，日月潭景致也成為住房的自然畫牆，可以自在無拘的躺在床上賞星空、觀潭，或是讓晨光喚醒。

　　飯店設有會議室、西餐廳、戶外咖啡座、景觀花園餐廳等，專聘名廚，不定期推出法國、義大利、墨西哥等異國料理，並根據季節、活動推出優惠住房方案，是住宿日月潭的選擇之一。

日月潭搭遊艇賞湖

　　日月潭是臺灣最大淡水湖，每當旅客見到這一大片的碧綠潭水，總會產生一股近水欣賞的衝動，這也是潭面有如此多遊艇穿梭不停的原因。日月潭有四座公共碼頭，分別是水社、朝霧、伊達邵及玄光寺等，也是遊湖停靠的四大據點。

　　日月潭遊艇業者共組遊艇公會，並設定公開收費標準，讓船家不至於產生惡性競爭。除了遊艇，還有雙人手划船，可以展現體力技巧、耍一下浪漫，但建議量力而為，最好在碼頭範圍內划行，而且避開遊艇航線，畢竟安全第一、面子第二。

　　遊湖路線大致區分兩條航線，一是「日月潭－拉魯島」航線，另一是「朝霧－伊達邵」航線。遊湖時間一般約 2 小時，例如：從水社或朝霧碼頭出發，約 5 分鐘就可抵達拉魯島，然後再 5 分鐘抵達玄光寺，之後前往伊達邵碼頭，再回水社或朝霧碼頭；每個停靠站都會讓遊客下船參觀。

　　提醒一下，碼頭附近經常可見船公司人員對往來遊客招呼搭船，從停車開始就有人對你虎視眈眈，這些人會騎摩托車或走路趨近你，並且詢問要不要搭船，攬客的說法不外乎先詢問要不要搭船、今天有減價或即將開船等促銷方式，從停好車開始，一路上都會有人前來招呼詢問，因為日月潭船家眾多、競爭激烈，除了貨比三家、觀察是否為合格船家，基於安全理由，建議可以向飯店、遊客中心諮詢，或是請住宿飯店安排、介紹合格船家較為妥當。

乘船資訊

電話 _ 049-285-6428 日月潭遊艇公會

時間 _ 08:00～17:00

票價 _ 個別遊客，全票 300 元（一般社會人士）；半票 150 元（身高 115～140 公分的兒童），包船遊客另計。情人手划船 200 元／每小時

梅花芳雪，青山峻嶺上的原鄉

信義

　　信義鄉的平原很少，觀光景點多分布在臺16與臺21線上，從信義鄉往阿里山段又稱新中橫公路，沿途有溪流、果園、茶園、溫泉、高山峻嶺等，是處美景不可多得的地方。

新中橫

小檔案

新中橫公路是南投通往嘉義的要道，於1991年通車，路段從臺21線南投水里經信義鄉抵達塔塔加，後改接臺18線往阿里山，水里至塔塔加又稱玉山景觀公路水里玉山線。水里玉山段沿著陳有蘭溪側上行，是臺灣西部最接近玉山山脈的公路，並通往玉山國家公園，最高點為海拔2,610公尺的塔塔加。

▲ 往水里、日月潭

21

◎信義

愛國

投59

坪瀨奇石

梅子夢工廠

風櫃斗賞梅區

◉豐丘

新鄉

陳
有
蘭
溪

郡大林道

羅娜

久美◉◉和社

投60

─帝綸溫泉飯店

◉彩虹瀑布

東埔風景區

父不知子斷崖

◉雲龍瀑布

**草坪頭
玉山茶園**

沙里仙林道

夫妻樹

18

◉玉山國家公園

往阿里山

塔塔加遊客中心

八通關古道

塔塔加鞍部

風櫃斗賞梅

　　臺灣最佳的賞梅地點非南投信義鄉莫屬，這裡梅樹種植集中，又以風櫃斗和鄰近烏松崙二處吸引最多遊客，每到梅花盛開，整個山頭一片雪白，時而飄下的白花瓣，讓梅林小路有如積雪，吸引大量遊客踏「雪」尋梅，當然，也往往塞爆往風櫃斗的 59 縣道，因此強烈建議，梅花開展時期，還是利用非假日前來，才不會有一肚子的塞車怨氣。

　　風櫃斗屬於臺大實驗林地，梅樹滿布山林，梅子自然是信義鄉最大宗特產，梅樹栽培面積達 1,500 公頃，也是信義鄉主要的梅子產區。近年來，信義鄉農會積極推廣賞梅、吃梅活動，讓風櫃斗成了全國知名賞梅、吃梅的地區。

景

風櫃斗
位置_ 南投縣信義鄉自強村，
　　　臺 21 線轉 59 縣道可抵
　　　達風櫃斗

　　賞花期在每年 12 月底至隔年 1 月中下旬，海拔 400 公尺蜿蜒伸
展至 1,200 公尺的山坡上都能瞧見，尤其風櫃斗一帶山區，梅花滿山
遍野齊放，形成一片美麗的白顏花海；3 月底則是梅子結果期，也是
品嘗梅宴大餐及香醇梅酒的時節。有些店家會在此時推出梅子 DIY
活動訊息，有醃漬青梅、釀梅酒、製梅醬等，多留意信義鄉資訊，
就能獲知相關訊息。

坪瀨奇石

位置_南投縣信義鄉綠美巷
坪瀨福德洞，59縣道
過愛國橋後，右轉綠
美巷直行可抵達福德
洞步道

坪瀨奇石

坪瀨風景區是信義鄉一處鮮為人知的祕密景點，進入59縣道過愛國大橋，右轉綠美巷社區，然後沿溪谷前行，順著山徑攀升而上，這時，可以清楚見到峽谷地貌。開車來到福德洞前停車，再沿兩旁植滿梅樹的階梯步行，上方平臺上有座福德祠小廟。

想見識福德洞「一線天」景觀，遊客可從廟後方步道階梯往下步行，在疑無路的90度大轉角後，就能見到巨石裂縫的石壁，號稱「一線天」，兩側石壁上方裂口線尾上，還壓著一顆凌空巨石，凝神望去，感覺上只是鬆鬆的卡住石縫，事實上，即便如921大地震這般天搖地動，也沒有讓它移去半分。

據聞，這顆飛來之石古代便已經存在，難怪面臨大地震仍然安穩不動。出了一線天，就是一片下斜約60度的斜坡石崖，所以出一線天後不要衝得太快，這片斜崖上有一條52級石階梯，由人工刻鑿而成，石梯往下可銜接坪瀨古道，是坪瀨先民對外的唯一路徑。

另外，根據在地人說法，踩踏52級石階梯，所發出的聲響有著實心與空心之別，大概是我的耳朵比較不靈光，沒有找到，若有機會大家可以前來踏尋一番。

豐丘葡萄

　　風櫃斗地區除了梅子，另一項特產就是葡萄。水里往信義鄉直到豐丘，沿途兩旁盡是結實纍纍的巨峰葡萄園，其中又以豐丘村栽種面積最廣，出產的葡萄也最具名氣。

　　巨峰葡萄中，又以產於玉山山麓、引用山泉水灌溉的玉珠葡萄最出名，堪稱極品。會取名玉珠，就是擷取「玉山之珠、登峰造極」的意思；玉珠的甜度在 18 度以上，色澤呈現紫黑、果粉均勻，並且富含果香，所以比一般平地葡萄更好吃及香甜。

　　玉珠葡萄一年四季都有，但以 7 月至 12 月產量最多，水分、甜度也最足夠。行經豐丘村時，可以向任一果園選購葡萄，至於價格，要看每年的生產量來制定，建議多問幾家比較一下。

農特產

豐丘葡萄
位置 _ 南投縣信義鄉上安至
　　　豐丘路段沿線可見

梅子夢工廠

　　這是一間充滿童趣的酒莊，與一般酒莊強調的原味、香醇，或是在地人文為首的風格都不同。所以人們也說，來到信義鄉，沒到酒莊走一趟就不算來過。

　　「梅子夢工廠園區」主要結合酒莊及觀光休閒，是信義鄉酒莊與農產品展示中心，也是全省第一家取得合法釀酒執照的民營酒莊。占地約 2 公頃，園區緊鄰陳有蘭溪，園內風格以原住民部落為發想，可愛的山豬、原住民圖案成為此處代表圖騰與公仔，每一主區也特別賦予故事名稱，像是「長老說話伴手禮館」、「忘記回家酒莊」、「梅子跳舞工坊」等，再搭配酒莊各酒款的專有故事，成為臺灣第一座具文化特色的說故事酒莊。

　　意外的是，經由電影《海角七號》的散熱效益，在片中露臉的馬拉桑小米酒也跟著發燒，馬拉桑小米酒是梅子夢工廠的產品，在電影推波助瀾下，紅到全世界，幾乎成為酒莊的「鎮店寶酒」。另一電影《變形金剛》也熱到此處，伴手禮館前，有座兩層樓高的布農族勇士機器人，是以廢棄的充填機打造而成，氣勢雄壯英挺。

　　園區裡許多造型可愛又逗趣的卡通玩偶塑像也是一大特色，幽默風趣的酒品名稱，加上漫畫圖案，讓喝酒這件事變得有意思起來。酒品除了小米酒，還有濃烈度不一的梅酒，也深受消費者青睞。另外，三角瓶身的「小米唱歌」、「忘記回家」、「長老說話」、「梅子跳舞」等四款酒，因為瓶身精巧、酒名逗趣，加上可愛的原住民圖案，亦令人愛不釋手。

農特產

梅子夢工廠
地址 _ 南投縣信義鄉明德村新開巷 11 號
電話 _ 049-2791-949
時間 _ 08:00 ～ 17:00
網址 _ www.hsinifa.com.tw

東埔吊橋

　　東埔吊橋於 2005 年底完工，位在進入東埔溫泉入口處的大停車場旁，吊橋長約 195 公尺，目前是全臺最高、最長的一座。白天看東埔吊橋，可清楚見識到吊橋橫跨山林的氣勢，橋的對岸是布農族部落，也是前往八通關古道的入口；夜晚山谷隱沒，替代的是一道道亮眼光束，成為夜遊東埔的最佳地點。

　　因為橋面兩側及橋座兩端設有七彩投射燈，傍晚開始至入夜後，七彩光束會投影在橋身上，並由紅、黃、藍、綠、紫等光影交替變換，因此也有「豎琴吊橋」美稱；至於吊橋橋面則採鏤空設計，讓人可以直視溪谷，若剛好雲霧飄降，非常具有漫步在雲端的真實感受。

　　吊橋前方則立有一座布農族勇士拉繩索的浮雕牆，有拉住吊橋的意境。由於「豎琴吊橋」的美名要在晚間才能體會，但因為山路燈光照明設施簡易，夜晚前來時要注意安全。

東埔吊橋
位置＿進入東埔溫泉區前約 1
　　　公里處的大停車場旁

東埔溫泉區

　　海拔高度約 1,200～1,300 公尺的東埔溫泉，緊鄰玉山國家公園，四周有郡大山、望鄉山、玉山等高山環抱，沙里仙溪、彩虹溪及陳有蘭溪同時匯流，依山傍水的環境，讓它四季展現不同風情。東埔溫泉與自然美景是當地兩大旅遊資產，每年東埔溫泉季開鑼，也代表進入泡湯季節的高潮。

　　東埔街道不長，而且格局簡單，主要道路鋪設有石磚，環狀一圈幾乎都被溫泉飯店、小吃店家占滿，是道道地地以溫泉為生的區域。東埔地區居住以布農族為主，布農族文化成為在地特色，因此東埔街上可感受到濃厚的布農族色彩，像是街道圖騰、布農族色系，甚至在東埔國小入口處，還有一座布農族年曆。

　　東埔國小旁邊有座天主堂，仍保有古樸傳統建築樣式，小型的哥德式高塔建築、天主堂牆面下方以代表布農族的石板屋為造型，即便中西合併，還是不離部落特色，教堂雖然小巧古樸，卻頗令人著迷。

東埔溫泉區
位置＿南投縣信義鄉臺 21 線
　　　於同富地區左接投 60
　　　縣道可抵達

彩虹步道

　　從東埔溫泉區到彩虹瀑布大約 50 分鐘，3 公里路程，沿途所經之處皆自成風景，桃李等果樹植滿山坡，若遇開花期就成為最美的賞花路徑。這條登山道由溫泉區店家共同認養維護，所以路況維持良好、乾淨整潔，是一條景致美麗又容易親近的步道。

東埔蜂蜜

　　蜂蜜小鋪是彩虹步道路途中的第一家攤位，民國 50 多年便已經在這裡開業，當地人暱稱「老蜜蜂」。攤位上商品除了花蜜、花粉，還會展示黏有一隻大蜜蜂的蜂巢。老闆朱國和喜愛與遊客聊天，個性相當風趣幽默，聊到開心處，還會秀出自己年輕時身上爬滿蜜蜂的照片，聊聊當年勇，也娛樂客人。

純吉茶莊愛玉

　　彩虹瀑布有兩條前往的登山路徑，純吉茶莊愛玉就位在兩步道交會平臺旁。說是茶莊，其實是一間簡易的鐵皮屋，裡面販賣野生

愛玉種子、靈芝，以及老闆娘自製的愛玉凍，吸引許多登山客來這裡「偷涼」，尤其到了夏天，冰涼清潤的愛玉，最是解渴消暑良方。休憩處旁邊有一間簡易的天上聖母廟，在如此偏遠的原住民部落裡，乍見這漢人廟宇，很訝異卻又感到親切。

源頭溫泉

　　位在路途中段可以見到標榜東埔溫泉源頭的露天溫泉區，是東埔唯一的露天泡湯區，以石頭砌成湯池，區分有源頭泉與山冷泉，源頭泉水溫高達攝氏 43 度，要小心留意。由於這處泡湯區是私人經營，登山客若沒有帶泡湯用具，可以在溫泉入口的小型商店採買。

彩虹吊橋

　　經過一片果樹園後，來到彩虹吊橋所在，大紅色的吊橋是山谷裡最豔麗的身影，橫跨在八項溪上。彩虹吊橋於 2003 年架設完成，此後整條登山步道才鋪上石板路，過去，吊橋未興建前，想一探彩虹瀑布，必須從溪谷底走山路上來，由此說明彩虹吊橋的重要性。穿過吊橋後便距離瀑布不遠，再接再厲，大約只剩 10 分鐘路程。

情人谷

　　越過彩虹吊橋，就代表來到瀑布下方，這裡有處情人谷，屬於彩虹瀑布下方水池，水池不大，四周圍繞大理石山壁，所以給人些許冷硬感，溪床散落著大小不一的巨石。由於水池清澈冰涼，環境雅靜、腹地窄小，只適合小群體遊玩，深受許多情侶喜愛，情人谷之名也因此而來。

彩虹步道
位置_東埔溫泉區開高巷底

177

彩虹瀑布

　　彩虹瀑布落差高度約 30 公尺，水量豐沛與否視季節及下雨情況而定。冬季溪水少，落瀑就像一匹白絹絲綢；夏季雨水豐沛，氣勢有如千軍萬馬狂洩，非常兩極。不過近年氣候變遷，水量很難說得準。至於彩虹瀑布名稱由來，是因為每逢夏、秋兩季，約莫午後至 2 點，陽光折射入山谷的角度關係，瀑下水潭上方會出現彩虹橫跨的景像，當地人說，有時還會出現雙重彩虹，畫面相當迷人呢！

東埔溫泉與布農族祭典魅力

　　東埔溫泉的泉質為弱鹼碳酸泉，溫泉源頭位在彩虹瀑布道路中途。與一般溫泉區不同之處，就是東埔溫泉沒有免費的泡湯池或露天野湯，想泡湯，只能前往喜愛的溫泉飯店、民宿裡去享受。

　　每年 11、12 月，東埔會舉辦溫泉祭，活動時間長達一個半月，現場除了有布農族歌舞表演，也會安排名聞遐邇的八部合音，年年活動主題不同，若對活動有興趣，可以留意相關訊息，或是向當地溫泉飯店詢問。

　　東埔原住民多為布農族，該族主要祭典為打耳祭。此時，東埔地區的布農族人會回到山上祖居地，舉辦打耳祭、尋根祭祖、小米祭等，這些慶典活動皆遵循傳統古禮進行。原本打耳祭只限族人參與，近年逐步開放讓民眾前往觀禮；加上有宛如天籟的八部合音，若有機會聆聽就千萬不要錯過！

草坪頭玉山茶園

　　信義鄉除了梅花、葡萄、溫泉，茶葉也是赫赫有名，海拔約 1,300 公尺的草坪頭玉山觀光茶園位在信義鄉同富村，可從臺 21 線新中橫公路旁的紅色牌坊進入。茶園廣達約 48 公頃，四周圍繞上千公尺高山，站在茶園中，就可以見到玉山、阿里山脈，以及賞日出的祝山等高山，風景線很優美。

　　茶園大多是軟枝烏龍，少部分種植金萱，由於地處玉山山麓，常年氣候涼爽、雲霧籠罩，因此茶葉特別優質，沿著茶園林道分布的製茶廠約有二十多家，每年到了採茶季節，這些製茶廠便會開放給遊客前來體驗製茶 DIY。

　　烏龍茶四季皆可採，時間約在 4 月春季、6 月至 7 月夏季、9 月秋季與 11 月冬季，但是有時候會受氣候影響，採茶時間也會有所調整，例如氣候若過於嚴寒，4 月春茶就延至 5 月才開始進行採收。另外，茶園林道旁也種植整排櫻花，這些櫻花多是認養樹，被照顧得非常好，櫻花開放時，賞櫻遊客亦非常多。

草坪頭玉山茶園

位置 _ 南投縣信義鄉同富村
草坪頭

新中橫玉山國家公園風景區

　　從新中橫經過玉山茶園後，上行的感覺更加明顯，行車至 119.6 公里，可見到玉山國家公園界碑，這裡海拔約 1,430 公尺，從此正式進入玉山國家公園範圍。臺 21 線往塔塔加沿途有三處觀賞玉山群峰的景觀口，分別是 122 公里的觀峰、132 公里的觀山，以及 140 公里的好望角。

觀峰

　　觀峰可以仰望玉山那宛如筍尖的峰頂，觀山則是午後欣賞雲海的好地方，至於好望角則可觀看玉山日出，也是眺望玉山主峰、北峰與西峰的最佳賞點，但因為腹地狹小，停車在這裡觀看必須注意安全。過去我行經這一路段時總是匆匆一瞥，決定拍照當天竟然上演重度迷霧，什麼都看不見，真是殘念！也說明此區氣候多變，實在讓人難以預測。

夫妻樹

　　標高 2,430 公尺、147 公里處的夫妻樹，是水里玉山線上的重要景觀，這兩棵遭受雷擊與焚燒的紅檜仍屹立不搖，反而在山林間更加挺立為伴，如此景致讓人動容，才以夫妻樹稱之。由此再上行約 2 公里便可抵達塔塔加遊客中心，是新中橫公路最高點，也是臺 21 線與臺 18 線的交接處。遊客中心不在路邊，必須從停車場對面沿著步道進入。

塔塔加遊客中心

　　塔塔加遊客中心擁有完善的玉山國家公園資料，內有解說服務、影片觀賞、展示參觀，以及簡易餐飲等功用。遊客中心四周規劃有步道區，為了避免迷途，建議行走前先請教解說人員步道路況與注意事項。另外，這裡氣候瞬息萬變，時而雲霧瀰漫、時而晴空萬里，因為高海拔，所以氣溫較低，要注意保暖。

　　「獼猴出沒」是這裡的自然特色，玉山國家公園為臺灣獼猴的保育區，所以行經臺 21 線時，也經常可見路邊有可愛獼猴家族在散步，表示近年護育成果顯著。在此大聲呼籲，若與可愛的獼猴相遇，記得千萬不要餵食，畢竟牠們是野生動物，還給牠們自然覓食的習性才是正確觀念。

塔塔加遊客中心
地址 _ 南投縣信義鄉同富村
　　　太平路 118 號
電話 _ 049-2702-200
時間 _ 09:00 ～ 16:30
公休 _ 每月第二、四周的周
　　　二，遇假日順延

181

帝綸溫泉大飯店

　　1987 年開業的帝綸溫泉大飯店是東埔地標建築，以布農族文化藝術為風格設計，擁有超過百間精緻客房，房型相當多元，並利用大量原住民錦織裝飾，盡情展現地方文化風情，說是東埔地方的推廣代表也實至名歸。

　　帝綸飯店城堡建築外觀是進入東埔的第一個驚豔點，飯店中擁有親水池、冷水池、溫泉池等溫泉設施，更有獨特的室內洞窟式水療池、露天湯等，即使是下雨天仍可享受泡湯樂趣。帝綸推出的美食小吃也頗令人驚豔，多屬獨特風味餐，如鱒魚餐、梅宴餐、原住民風味餐、烤乳豬等，不過梅宴餐、鱒魚餐有季節限制，想吃要抓對時間。

　　若想從事動態活動，飯店也可安排，根據四季設計不同活動，如適合親子的採梅、製梅 DIY、螢火蟲之旅、洗愛玉教學等。生態活動也有賞花、溯溪、賞楓、蟲蟲電影等推出；至於布農族歌舞秀則屬常態性夜間表演。特別一提，根據帝綸工作人員表示，只要是進入東埔的客人，不管是否入住帝綸，都可以前來免費觀賞帝綸晚間的歌舞秀，所以大家不要客氣，安心前去動一動身心。

帝綸溫泉大飯店
地址 _ 南投縣信義鄉東埔村
　　　開高巷 86 號
電話 _ 049-2701-616
時間 _ 入房 15:00 以後，退房
　　　11:00 以前，各設施開
　　　放時間請洽飯店人員
網址 _ www.tilun.com.tw

臺⑭線
臺③線的
文字
地途

臺 **14** 線　過去是前往清境、日月潭的重要道路，從彰化接草屯往東，經雙冬、國姓到埔里，再繼續西行上霧社、盧山，全長約 99 公里，要上清境、合歡山、大禹嶺，則必須在霧社轉接臺 14 甲。

　　在國道 6 號未通車前，臺 14 線每到假日必塞車，與國道 5 號未開通前的北宜公路有異曲同工之妙。若時間不趕，可走草屯到埔里這一段臺 14 線，有小鎮、溪河與山景，一路行來也頗悠閒。

臺 **3** 線　又稱內山公路，是臺灣西部山鄉城鎮的城際公路，長度僅次於臺 1 線，北起臺北，南止屏東，總長約 437 公里。南投段臺 3 線則從草屯一路南下，經南投市、民間至竹山，沿途山鄉小鎮還算發達熱鬧，其中南投臺 3 線又以竹山段最為出名。

　　竹山臺 3 線是前往鹿谷、溪頭、大鞍山區的主要入口道路，無論上山尋茶、避暑、探峽谷、看竹海，都可以經臺 3 線接 151 縣道前往溪頭、杉林溪，或是接投 49 鄉道，前往有梯子吊橋的太極峽、八卦茶園的大鞍風景區。

　　我習慣以數字來辨識道路，如臺 3、臺 9、臺 11、136 縣道……之類，但也有人喜歡講道路別稱，如臺 8 線就是「中橫」、臺 18 線則是「阿里山公路」，據說，這樣比較有地緣感。南投除了水里至塔塔加稱「新中橫」外，還有臺中草屯的臺 3 線，接草屯、埔里的臺 14 線，以及埔里、日月潭的臺 21 線，此三段合稱「中潭公路」，而臺 14 線埔里、霧社，即是「埔霧公路」。

山青野闊、櫻紅滿山腰的原鄉

霧社、清境

　　從埔里循臺 14 線上山，到霧社再分出臺 14 甲上清境，兩處據點各顯文化風情，無論是賽德克、泰雅或滇緬遺族，他們的故事也仍未央。

往梨山 ◀　▲往合歡山

仁和路

清境農場青青草原

投91

力行產業道路

14甲

國民賓館

瑞士小花園

茶園步道

信義巷

翠湖步道

雲龍橋

春陽部落

往廬山 ▶

14

仁愛分局

龍山巷

莫那魯道紀念碑

仁愛鄉公所

臺電電源
保護站

濁水溪

眉溪

投83

碧湖
（萬大水庫）

臺14線
旅行中

霧社、清境

7-ELEVEN

眉溪部落

南豐國小

往埔里 ◀

中正路

埔霧公路

人止關

往奧萬大 ▼

霧社、清境

小檔案

　　霧社與清境是南投很特別的兩個區域，霧社屬於泰雅族原住民部落區，充滿濃厚的原民風情，清境則是少數民族滇南孤軍遺族在此生根，擁有少見的雲南擺夷風情。這裡居民以農作為主，如種茶、果樹、蔬菜、花卉，產品都有高度口碑。由於高山風情秀麗無垠，加上清境地方眾多異國民宿、旅店加持，遊客不分四季湧入，除非下雨，否則總是熱鬧不歇。

霧社《賽德克・巴萊》巡禮

2011 年電影《賽德克・巴萊》造成全臺賽德克瘋，看過的人莫不被霧社事件這段歷史震撼感動，在賽德克族語中，「巴萊」意指「真正的人」，至於影片裡壯麗山景、各社部落、日人宿舍、漢人金墩商店、阻擋日軍入山的人止關、進行大反撲的霧社公學校、最後決戰的司庫社吊橋、花崗兄弟投環的山林等，多數是大家熟悉的景點，只是往昔電影未推出前，就算一年來回霧社好幾趟，也多只成為身後背景，難得停下一探。

電影中慘烈抗日戰場就是臺 14 線上的仁愛鄉霧社，在一次雜誌採訪中，正好邀請一位賽德克族姑娘當路線嚮導，也進行一趟原味的賽德克族霧社之旅，親臨了當年霧社事件場景，像是霧社公校、金墩商店、警察舊宿舍等。有些地方遺址則志不在抵達，只能遠觀憑弔，好比人止關、荷歌社花崗山、鐵線橋遺址等。此外，還可前往部落欣賞精巧的手工藝、吃賽德克美食，不走不知道霧社的獨特，套句賽德克導遊的說法：「歡迎大家來霧社做一天真正的人。」

1_ 仁愛分局旁有幾棟已顯頹圮的日式木屋，是當時日本警察宿舍
2_ 霧社街金墩商店舊址，這是當年漢人與原住民以物易物的地方

霧社、清境

眉溪部落與人止關

南豐村賽德克族眉溪部落，是前進仁愛鄉的第一站，這裡最為人熟知的地點就是部落上方臺14線約74公里處的人止關。單看人止關這三個字，感覺上殺氣十足，過去這裡就是原住民與山下漢人的分水嶺，目的是要漢人到此止步，再進入則後果自負。這一帶山壁絕峭、怪石林立，當年日本軍隊想從這裡強行通過入山，卻在此遭到殲滅，也才有之後一連串的封鎖政策。在這裡賞景要注意交通安全，因為此處道路狹窄，停車不易。

南豐村眉溪部落是一處原住民、閩南、客家與平埔族人共居的部落，但以原住民居多，近年，村內進行人文與自然生態再造振興計畫，也利用鮮明圖騰妝點村莊，例如進入部落的南豐橋，兩旁便裝飾有「祖靈眼睛」的菱形圖騰，非常顯眼。

村內文化廣場則興建賽德克族傳統家屋，利用石板、原木、藤蔓搭建成半穴居單室構造，外觀看著低矮，入內卻挑高開闊，屋內設置有爐灶，灶上懸吊的平面木臺上則是存放獸骨、獵肉的地方，並可防止老鼠偷吃。男主人則睡在進門第一眼的顯眼位置，可保護家人安全，整個仁愛鄉只有眉溪部落可見到賽德克的傳統建築。

眉溪部落與人止關
地址 _ 南投縣仁愛鄉南豐村

1_ 人止關山壁陡峭，當年日本軍隊就是想從此強行入山
2_ 裝飾有「祖靈眼睛」菱形圖騰的南豐橋
3_ 賽德克家屋為半穴居單室構造
4_ 將食物放在這裡可防老鼠偷吃

霧社公學校與莫那魯道紀念碑

　　電影《賽德克・巴萊》中最令人屏息的時刻，就是賽德克族人自霧社公學校出草的那一刻，當時正值運動會，一邊是歡樂、一邊是冷靜待擊，事發後，也讓霧社公學校成為腥風血雨的戰場。事件發生的對錯界線早已模糊難辨，如今，公學校已在時間中塵化，舊址變成了臺電電源保護站，當年那座司令臺與操場已不復見，只剩公學校的木造屋舍，成為這段歷史僅存的印記。

　　公學校旁就是莫那魯道紀念碑所在，莫那魯道是霧社事件的靈魂人物，他從反抗抵日，被日本政府招安，再到指揮族人反擊，雖然最後飲彈自戕於深山林間，仍難掩他凜凜英姿。紀念碑原是日本臺灣總督府設立「日本人殉難紀念碑」之處，戰後，被國民政府改立為「霧社山胞抗日起義紀念碑」。

　　1973年時，莫那魯道遺骸歷經輾轉，終於歸葬在紀念碑後方，碑前則矗立著氣勢軒昂的莫那魯道雕像，這是根據他的身高、外型來雕塑。除了成為莫那魯道長眠地，也將此區規劃為霧社紀念公園，入口白色莊嚴的門樓是最顯著標的，公園內還有一座「霧社原住民抗日群像」銅雕，訴說著不分男女老少與忠犬，皆共同捍衛家園的勇氣與決心。

1_公學校舊貌難尋，僅剩木造宿舍供人緬懷
2_紀念公園內的抗日群像銅雕，人物表情生動逼真
3_曾是出草戰場的霧社公學校已不復見，目前是臺電電源保護站所在
4_見到這處顯眼的白色牌樓，代表霧社已近
5_莫那魯道是霧社事件靈魂人物，雕像是根據他的身形而塑

春陽部落花崗山與雲龍橋

霧社過後循臺 14 線可前往春陽部落，也是往昔荷戈社所在，不過當年存留的荷戈部落族人都被迫遷移到川中島，就是現在往惠蓀林場途中的清流部落，日本人則將其他部落社群遷移至荷戈社，改稱櫻社，國民政府接手後，再改稱春陽村。

既然稱做櫻社，代表春陽部落櫻花遍布，的確，冬入春之際，整個部落區都被櫻花圍繞，相當美麗，前來賞櫻的遊客眾多。雖然賽德克族人已被迫搬遷此處，但仍有歷史遺跡可循，部落裡有座荷戈富士山，荷戈是地名，小山形似日本富士山，因而稱之，後來也稱花崗山，是為了紀念霧社事件在此自殺的花岡兄弟。進入部落前，往路旁山谷一探，可遠眺這座小山身影。

經過春陽部落，往盧山溫泉方向行去，可見到曾是全臺最高吊橋的雲龍橋殘址，殘橋前身就是賽德克族人出入的斯克鐵線橋，橫跨過濁水溪上游支流。在霧社事件最後一役中，莫那魯道為了阻斷日軍追擊，曾將這座鐵線橋切斷，成功阻止日軍前進，但他與族人也從此沒再出現。

事件之後，鐵線橋又被日軍修復。至於改建成龍雲橋，則是日治末期之事，命名原因也簡單，只因常見橋下出現流雲，所以稱做龍雲橋。再後來，國民政府發現龍雲名稱與一位投共將軍同名，便將龍雲橋倒稱為雲龍橋，典型的抓不到你，就倒寫你祖宗大名洩恨。爾後，橋體鐵索斷裂，1985 年才在殘橋旁興建現代化的紅色鋼拱橋。現在也有人提議，希望恢復斯克鐵線橋舊名，以符合歷史軌跡。

1_ 賞櫻時節，春陽部落處處可見櫻花綻放
2_ 右側隆起山丘即為荷戈富士山，是花岡兄弟最後留影之處
3_ 新建造的紅色雲龍橋，橋墩上立有賽德克族雕像作為守護
4_ 雲龍橋前身就是戰場之一的斯克鐵線橋

清境的異國風情與茶香

眾人喜愛清境的理由不一，不過，高山綠地、異國風情、冬季賞雪絕對榜上有名，來到清境，歐風建築、特殊的雲傣美食、高山風情，應是多數人追訪目標，這些特色眾所周知，就不再多介紹。近年，清境山坡開發過度，引來一群政客、環保團體的口水戰，至於這是臺灣觀光驕傲還是隱憂，諸如此類問題，每隔幾年都會吵鬧一番，然後沉寂，接著再起，沒完沒了。

二十多年前，我來到清境時處處驚豔，現在，只剩視覺疲勞，過與不及的尺度，在臺灣一向拿捏不定，如此必然結果，相信大家也是見怪不怪，不感驚訝才是。

異國風在清境大集合，的確！有英國城堡、德國鄉村、西班牙建築、歐風庭園、日式造景、地中海風情、法國浪漫、童話小屋……能想像得到的異國風情形容詞，幾乎都囊括在此，一度，也讓身為旅遊記者的我，寫文寫到詞窮。這些建築當然是清境的現代奇蹟，不過，我比較喜愛清境的自然味，諸如它多變的晨昏與四季，還有山巔上的茶園風光。

清境是前往合歡山最特別的一處，海拔約 1,700 ～ 2,100 公尺，過去，高山水果與高冷蔬菜是清境農場主要經濟大宗；後來，為了因應市場需求，高級花卉與茶樹等成為另一波主要高經濟作物，尤其 1986 年霧宿茶推出後，果然「錢」景看好，從霧社以上，就開始可見到高山夾藏著茶園。如今，來到清境，買高冷蔬菜、水果還是很盛行，到此尋茶品茗的老行家也不少。

且不論環保團體對高山種茶的評論，想欣賞清境茶園風光，細心一點，隨處可見，要親臨現場，清境翠湖步道有梯形茶園可賞，可惜腳下的翠湖逐漸被淤沙阻塞，讓它的風光扣分不少，還有一條茶園步道，風光更美，找茶、看茶、拍茶可從這裡探去。

圖／清境農場提供

清境農場
地址 _ 南投縣仁愛鄉大同村
仁和路 170 號（農場本
部）
電話 _ 049-280-2222
時間 _ 08:00 ～ 17:00，綿羊
秀周六、周日、國定假
日 09:30 及 14:30 各一
場，遇雨或天氣不佳則
取消表演
費用 _ 平日全票 160 元，
假日 200 元

青青草園牧羊趣

臺灣的地理環境與氣候並不適合養綿羊，尤其是那種毛皮厚實的品種，唯有清境農場的青青草原，因為高海拔、氣候涼爽，適合綿羊放牧，只見寬闊的放牧區上綿羊成群吃草，那份輕鬆怡然的悠閒感，成為遊客的必然體驗，加上這裡山高野闊，又有木棧道、景觀臺，賞景絕對輕鬆順暢。過去大家在電視上羨慕著澳洲、紐西蘭的綠地與綿羊，其實咱們的青青草原，雖沒有外國那般地廣羊肥，卻也自成一絕，不輸他國。

青青草原除了綠地、綿羊，最受人歡迎的應該是可以餵食、看綿羊脫衣秀，還有騎馬秀等，有時，總覺得設計這些什麼秀的，只是一種噱頭，可是青青草原的羊毛秀，讓不養綿羊的臺灣人了解羊毛的特性與好處。還有，剪羊毛是一道技術活，臺灣人能勝任的，應該少之又少，甚至是零，所以，農場特別從國外請來牧羊人擔任，這一秀，就超過十幾、二十年，遊客們至今仍覺得新鮮有趣。

大概是青青草原的羊兒都已習慣人群，近距離接觸餵食都沒問題，牠們每一隻都是明星，大家也爭相與之合影，然而，切記，不可以跨騎綿羊或追趕，也不可以餵外來食，農場有專門的投幣零食提供，真想騎，農場有迷你馬，花些小錢，就能體驗騎乘樂趣。

圖／杉林溪

妖村來作客、霧裡杉竹茶帶香

竹山、鹿谷

　　竹山段的臺3線一直很熱門，因為想前往溪頭、杉林溪、大鞍山區，轉山路線都在這裡交會，無論是登山健行、上山喝茶或賞景，無論是走一日或住兩天，都令人身心舒暢。

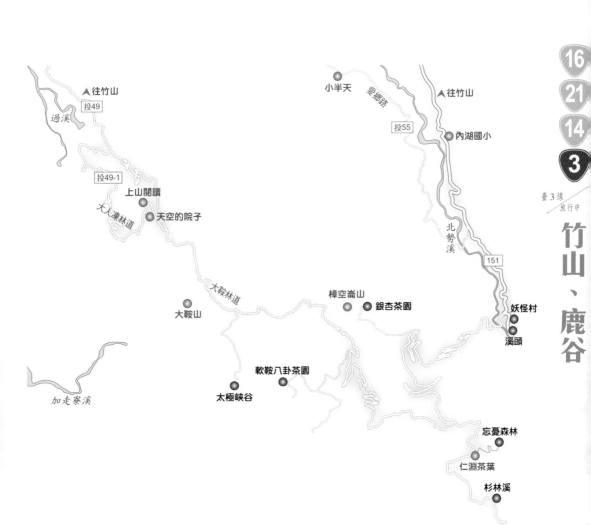

臺 3 線 旅行中

竹山、鹿谷

往竹山
投49
過溪
投49-1
上山閱讀
天空的院子
大人凍林道
大鞍林道
大鞍山
軟鞍八卦茶園
太極峽谷
加走寮溪

小半天
雲鄉路
投55
內湖國小
北勢溪
151
樟空崙山
銀杏茶園
妖怪村
溪頭
忘憂森林
仁淵茶葉
杉林溪

往竹山

竹山、鹿谷 小檔案

　　竹山是前往大鞍山區、鹿谷、溪頭的主要門戶，早年，這裡竹木業興盛，又是前往溪頭、杉林溪等地的中途休息站，市街熱鬧非凡；竹木業沒落後，臨近溪頭、杉林溪的民宿業也興起，才讓竹山市區的熱度退卻。竹山臺 3 線上有兩條道路，一是前往鹿谷、溪頭、杉林溪的 151 縣道，另一是前進大鞍山區、太極峽谷、八卦茶園的投 49 鄉道；每到假日，這兩條路線總出現長龍阻道，前往的遊客要有耐心。

溪頭

地址 _ 南投縣鹿谷鄉內湖村
　　　森林巷 9 號

電話 _ 049-261-2111

時間 _ 假日 07:00 ～ 17:00

費用 _ 全票平日 200 元；停車
　　　場大型車一日 100 元

網址 _ www.exfo.ntu.edu.tw/
　　　sitou/cht

自然綠遊蹤的溪頭

　　溪頭是臺灣中部頗負盛名的避暑勝地，位於鹿谷鄉鳳凰山麓，隸屬臺大實驗林、海拔 1,150 公尺，全名是溪頭自然教育園區，這裡樹木品種堪稱一絕，有杉木、銀杏、紅檜、肖楠、竹林等高級樹種，綠樹交織成畫，怎麼走逛都舒爽宜人。

　　園區步道四通八達，幾乎每一條都有交會點，想走柏油路面、木屑道、小石子路徑、花崗岩、洗石子、混凝土、石板等都有，沒想到道路鋪面也能這麼多樣，腳底感受也各自不同。

　　至於溪頭景點也不少，有歷久不衰的大學池、全臺首座森林冠層空中走廊，可行走於樹冠叢之間，觀察樹梢生態，很是特別。2013 年 7 月，園區在流籠坑草坪區上打造一座玻璃城堡，是利用真材實料的柳杉建造。此外，立體竹字造型的竹廬、苗圃、植物進化探索園等，都適合走逛一番。

溪頭松林町妖怪村

　　溪頭多了一處妖怪村後，讓這處知名的老風景區回春不少，進山的年輕族群激增，讓南投竹山的 151 縣道終於擺脫「退休公務員之路」或「18 趴公路」的稱號。

　　妖怪村就在溪頭自然教育園區入口處，是明山森林會館所設計建造。妖魔鬼怪成為最受歡迎的人物，你看這世道有多怪，群魔亂舞不再帶著陰森，還化為個性與流行代表，Q 版神怪世界的魅力有多夯，看看闖入松林町妖怪村的人群就知道。

　　這座風靡全臺的妖怪村，走傳統日本屋舍風格，屬於複合式商圈，有眾多可愛又搞怪的妖魔商店，不僅令人莞爾，還具備令發笑的幽默，創意在這裡無遠弗屆，無論吃食、飾品、童玩、雜貨，都可以比鬼比怪。妖怪村商圈目前規劃有一町、二町街區，走的都是日本老商街風格。每年農曆 7 月，還會舉辦百妖嘉年華會，讓夜間山林增添不少陰森森的熱鬧，也順便考驗膽量。

溪頭松林町妖怪村
地址 _ 南投縣鹿谷鄉內湖村
　　　興產路 2-3 號
電話 _ 049-261-2121
時間 _ 10:00 ~ 20:00
網址 _ www.mingshan.com.tw

圖／杉林溪提供

圖／杉林溪提供

杉林溪

地址＿南投縣竹山鎮大鞍里
　　　溪山路 6 號

電話＿049-261-1217 ～ 8

時間＿24 小時，園區全天開
　　　放。遊園車服務時間：
　　　平 日 07:30 ～ 16:20，
　　　假日 07:30 ～ 17:40

費用＿全票平日 250 元。遊
　　　園車費用（聚英村→
　　　松瀧岩一趟）每人單
　　　程 40 元；停車場大型
　　　車 100 元／輛、小型
　　　車 50 元／輛

網址＿www.goto307.com.tw

杉林溪的花花世界

　　杉林溪森林生態渡假園區位於溪頭更上方，經過著名十二生肖彎道、相映坡、相思臺、流龍頭等景觀後直達園區。這裡海拔高度 1,600 ～ 1,800 公尺，夏季均溫僅攝氏 20 度，是溪頭之外另一處最佳的避暑勝地。杉林溪的花卉相當出名，滿山可見山櫻花、臺灣杜鵑，也種植少見的狀元紅、葉長花等臺灣特有植物，牡丹園、藥花園也打點得很精采。

　　園方每年也會從國外進口相當數量的花卉展示，如 2014 年 2 月，便特別迎進十萬株鬱金香，再搭配園內荷蘭風車，讓園區變得很荷蘭風格；接續著，有牡丹花季；然後是海芋、紫藤、繡球花等；進入秋冬時，則有紅如火的楓葉燒得滿山紅豔，可說一整年都很繽紛燦爛。

　　至於園區自然景點，以松瀧岩、天地眼、石井磯最為出名，也有多條登山健行步道可練腳力。生態面有蛙類、鳥類、蝶類、昆蟲類，每年 7、8 月暑假，園方會推出生態昆蟲季主題活動，晚上有天文星座解說，也會架設布幕進行昆蟲生態觀察，稱做昆蟲電影院，這些活動只要是住宿客都可以免費參加。

　　一般自家車輛無法在園內行駛，可搭乘付費的遊園公車。特別一提，有「杉林溪首景」之稱的松瀧瀑布，號稱全國負離子含量最高區域，尤其是雨後水量豐沛期間，還曾測試到高達 19 萬個（ion／立方公分）負離子量。負離子越多當然對身體越好，因為它可以提高身體免疫力，增加抵抗力，所以有「空氣維他命」的說法，天然尚好，不就是這道理嗎？

忘憂森林

　　杉林溪隧道入口前，有一處遊客喜愛「攝獵」的忘憂森林，行車到「仁淵茶葉」附近，就可見到標示牌。山上無停車空間，建議自家轎車停在山腳下，再往路標小徑走，上行約 30 分鐘可抵達。若沒體力，山下也有業者經營收費接駁，但假如前往山上的忘憂森林餐廳用餐，則可請老闆開車單程接送。

　　其實忘憂森林原本是一片原始杉木林，海拔約 2,000 公尺，沒有正式名稱，921 大地震後形成封閉水澤，杉木也因此枯死，後來有人稱這裡為水森林、白木林，直到這裡成立一間忘憂森林餐廳後，忘憂，便逐漸成為代名詞。水澤面積不大，但水面清澈見底，若攝影角度切對了，不管是藍天的清澈寂靜，或是白霧繚繞的朦朧憂鬱，都別具一番美感。

　　從「仁淵茶葉」步行上山，山路相當陡峭，腳力好，可走一走，沿途有梯形的高山茶園可賞，下雨天，就不建議前往，因為森林道路會滿地泥濘，再美的風景也會遇到枯水時期，忘不忘憂，是見仁見智的事。這裡最美的賞景月份在農曆 6 月，至於大家喜愛的霧中忘憂，大約是每天中午過後，朦朧中更有意境。

忘憂森林
地址 _ 南投縣鹿谷鄉內湖村
　　　興產路 12 號
電話 _ 接駁車 049-261-1205、
　　　0928-923-886

深入羊彎銀杏茶園

從溪頭前往杉林溪會經過十二生肖彎道，許多人會一路走一路數彎，讓這條投95鄉道更顯生動有趣。沿途最常出現的風景，除了層層山巒，就是擁有整片茶園的山麓，在羊彎附近有一條小徑，可通達海拔約1,500公尺的大崙山銀杏茶園，風光其實不輸八卦茶園。

銀杏茶園

這裡頗有世外桃源的意境，晨光有雲海繚繞，暮靄時輕霧遮面，陽光燦爛時茶山綠、天空藍，最是心曠神怡。這片茶園是在1992年時，當地茶農與政府合作，混合造林的美麗成果，樹與茶占滿約100多公頃的山坡，茶園山頭四周還打造了賞景步道、觀景臺，據說，天清無雲時，遠端北望可見苗栗火焰山，南望則見雲林六輕，山腳下的臺中、彰化及山巔上的合歡山、大雪山都歷歷在目，而這裡也是杉林溪高山烏龍茶發源地，茶葉品質相當優良。

其實銀杏在冬季時葉子會落盡，只剩銀白枝骨，要一直到4月初才會開始再萌芽，最美季節在由夏入秋之際。銀杏樹人稱公孫樹，因為銀杏要六十年才結果，阿公種樹、孫子採收，意思由此而來。要注意的是，銀杏葉只有在秋冬轉黃褐時才可以摘採製成銀杏茶，綠色的銀杏葉有毒，不能食用。

銀杏森林景觀餐廳

茶園旁有間銀杏森林景觀餐廳，有好茶、養生鍋、簡餐提供，此處也是欣賞茶園風光的好位置。平日前來，店家只供應午餐的火鍋、茶飲，雖然選項不多，但這道鍋物不一般，搭配的蔬菜都是店家無農藥栽種，口感特好。

火鍋湯頭也很養生，以溫補食材的紅棗、桂圓、黨蔘、草果來熬煮，清爽甘甜，至於火鍋必備醬料，不是沙茶類調醬，而是一碟以阿祖配方自製熬煮的柑橘醬。老闆說，柑橘要特選皮甜肉酸品種，去籽後再連果肉熬煮，相當耗時費工，沾肉、沾蔬菜都非常對味。

銀杏森林景觀餐廳

地址 _ 南投縣鹿谷鄉羊彎巷800-1號

電話 _ 049-267-6918、049-267-6046

時間 _ 假日09:00 ~ 17:30，平日09:00 ~ 15:00，周四休

費用 _ 養生火鍋360元（只供午餐，周一至周五僅有火鍋類及茶飲服務，無簡餐提供）

網址 _ gingko.mmmtravel.com.tw/?ptype=info

交通 _ 國道3號下竹山交流道右接臺3線往竹山，過延平橋左轉151甲往鹿谷、溪頭，右轉投95往杉林溪，經十二生肖彎第八生肖的羊彎，沿指標右轉進入林道，續行約3公里，可抵銀杏茶園，左邊可見「銀杏森林」餐廳

臺3線
旅行中

竹山、鹿谷

圖／銀杏森林提供

圖／銀杏森林提供

大鞍山區的峽谷與茶香

　　大鞍山區是竹山另一處人氣頗高的景點區，這裡的景色不同於溪頭，風景氛圍更接近自然況味，擁有深邃的峽谷風貌、優美的竹林景致及高山茶園，如以梯子吊橋再度翻紅的太極峽谷、軟鞍八卦茶園等，都是此區人氣地點；也有個性民宿、店家在此生根，像是馬修連恩曾在此演奏過的「天空的院子」民宿、可遠眺大鞍山谷風光的「上山閱讀」餐廳等。旅人可循著投49或49-1鄉道蜿蜒上山，在優雅的竹海林夾道下暢快前進，不過，建議若遇陰雨氣候，最好打聽一下路況或改天再上山為好。

太極峽谷

　　縱深百米的太極峽谷，因為梯子吊橋而再度聲名大噪。峽谷位於竹山大鞍里山區，屬於加走寮溪上游，原稱石杭峽谷，因為地勢雄偉，媲美太魯閣，又有「西部太魯閣」之說。過去，峽谷途中的梯子嶺土地公廟很容易崩塌，也曾發生意外事故，所以南投縣府特別聘請日本技師，建造階梯型吊橋銜接兩岸，梯子全長136公尺、208階，兩端高度落差20公尺，造型優美，所以獲得天梯美名。

　　要見梯子吊橋，從入口處進入後還得走上一段，往返約3公里，需有心理準備，也得記得留點體力回程。步道沿途只見竹林、原始林交雜，不時見到陡峭石壁與溪谷，地貌頗多變。來到梯子吊橋，有幾個奇觀要欣賞，如921大地震之後出現的「時鐘石」、山壁上可見到鯨魚骨頭的「古生物化石」、「青龍瀑布」、「飛來石」、「玉福吊橋」等，有些帶著點傳奇，有些天然美景奇佳，但記得要在安全範圍內欣賞，避免發生意外。

　　進入峽谷最好攜帶水與簡單乾糧，因為風景區內沒有店家，商家聚集在入口處，賣些涼飲與簡單熱食。此外，有幾條入山規則要

牢記，下雨天或下雨隔天不要入山，因為山路溼滑、峽谷水勢湍急，危險性高，其次是傍晚時也不要入山，因為天黑後山路曲折恐怕會迷路。

軟鞍八卦茶園

行走在太極峽谷路上，就可遠望八卦茶園綠意盎然的山頭，這區茶園稱做軟鞍茶園，海拔高度 1,300 公尺。此處的地理位置屬於竹山大鞍里臺地，東邊是阿里山鄉、西面是西海岸平原，南與古坑草嶺石壁風景區為界、北面是杉林溪森林遊樂區，正好介於南投、嘉義、雲林三縣交界處。

因為地勢形狀如小丘般高低起伏，很像一頂頂竹編斗笠，茶樹依山勢種植，形成特殊如八卦圖案的茶園景致，一小圈一小圈的茶田美景，夾雜在一片片竹海之中，成為竹山地區最迷人的仙境。

可惜採訪當天，代表性的八卦茶區正好被剃了個光頭，綠芽全被整枝，剩下光禿骨幹，該區園主說，因為要控制茶樹高度、生長、重長新芽，才剛修剪不久。哎呀！真令人鬱結於胸，這就是旅行的運氣，只好走進一旁茶行，狠狠喝它一杯茶。

茶種以烏龍茶居多，由於常年雲霧裊繞，在日照短、溫差大、水氣豐厚的條件下，採收製成的高山茶，香氣幽雅、口感圓潤，可惜產量不多，在臺灣高山茶系列中，屬於珍貴的高級茶品之一。

循著投 49 鄉道前往茶園，沿途竹林滿布，但道路狀況時常因陰雨而泥濘損毀，車道也僅容單輛通行，開車或騎自行車前去，皆須留意安全。

太極峽谷

地址 _ 南投縣竹山鎮大鞍里太極峽谷

時間 _ 白天，建議 17:00 之後不要入山

費用 _ 全票 50 元，停車費小型車每小時 20 元

軟鞍八卦茶園

地址 _ 南投縣竹山鎮大鞍里五寮巷

國家圖書館出版品預行編目資料

來去南投‧小旅行 / 蔣孟岑 文‧攝影 -- 二版. --
臺北市：華成圖書，2015.03
 面； 公分. --（自主行系列；B0679）
ISBN 978-986-192-236-2（平裝）

1. 旅遊 2. 南投縣

733.9/119.6   104000177

自主行系列　　B0679

來去南投‧小旅行

作　　者／蔣孟岑

出版發行／ 華杏出版機構
　　　　　華成圖書出版股份有限公司
　　　　　www.farreaching.com.tw
　　　　　台北市10059新生南路一段50-2號7樓
　　　　　戶　　名 華成圖書出版股份有限公司
　　　　　郵政劃撥　19590886
　　　　　e-mail　huacheng@farseeing.com.tw
　　　　　電　　話　02－23921167
　　　　　傳　　真　02－23225455
　　　　　華杏網址　www.farseeing.com.tw
　　　　　e-mail　fars@ms6.hinet.net
　　　　　華成創辦人　　郭麗群
　　　　　發 行 人　　蕭聿雯
　　　　　總 經 理　　熊芸
　　　　　法 律 顧 問　　蕭雄淋‧陳淑貞

　　　　　總 編 輯　　周慧琍
　　　　　企 劃 主 編　　蔡承恩
　　　　　企 劃 編 輯　　林逸叡
　　　　　執 行 編 輯　　張靜怡
　　　　　美 術 設 計　　林亞楠

定　　價／以封底定價為準
出 版 印 刷／2015年03月二版1刷

總 經 銷／知己圖書股份有限公司
　　　　　台中市工業區30路1號　　電話　04-23595819　　傳真　04-23597123

☺讀者回函卡

謝謝您購買此書，為了加強對讀者的服務，請詳細填寫本回函卡，寄回給我們（免貼郵票）或E-mail至huacheng@farseeing.com.tw給予建議，您即可不定期收到本公司的出版訊息！

您所購買的書名/＿＿＿＿＿＿＿＿＿＿＿＿　購買書店名/＿＿＿＿＿＿＿＿＿＿

您的姓名/＿＿＿＿＿＿＿＿＿＿＿＿　聯絡電話/＿＿＿＿＿＿＿＿＿＿

您的性別/□男 □女　　您的生日/西元＿＿＿＿＿年＿＿月＿＿日

您的通訊地址/□□□□□＿＿＿＿＿＿＿＿＿＿＿＿＿＿＿＿＿

您的電子郵件信箱/＿＿＿＿＿＿＿＿＿＿＿＿＿＿＿＿＿＿＿＿

您的職業/□學生 □軍公教 □金融 □服務 □資訊 □製造 □自由 □傳播
　　　　　□農漁牧 □家管 □退休 □其他

您的學歷/□國中（含以下） □高中（職） □大學（大專） □研究所（含以上）

您從何處得知本書訊息/（可複選）

□書店 □網路 □報紙 □雜誌 □電視 □廣播 □他人推薦 □其他

您經常的購書習慣/（可複選）

□書店購買 □網路購書 □傳真訂購 □郵政劃撥 □其他＿＿＿＿＿＿＿＿

您覺得本書價格/□合理 □偏高 □便宜

您對本書的評價（請填代號/ 1. 非常滿意 2. 滿意 3. 尚可 4. 不滿意 5. 非常不滿意）

封面設計＿＿＿　版面編排＿＿＿　書名＿＿＿　內容＿＿＿　文筆＿＿＿

您對於讀完本書後感到/□收穫很大 □有點小收穫 □沒有收穫

您會推薦本書給別人嗎/□會 □不會 □不一定

您希望閱讀到什麼類型的書籍/＿＿＿＿＿＿＿＿＿＿＿＿＿＿＿＿＿＿＿

您對本書及我們的建議/

廣 告 回 信
台 北 郵 局 登 記 證
台 北 廣 字 第 0 0 0 5 2 6 號
免 貼 郵 票

〔華杏出版機構〕

華成圖書出版股份有限公司　收

台北市10059新生南路一段50-1號4F　　TEL/02-23921167

（沿線剪下）

（對折黏貼後，即可直接郵寄）